MACCHI.COM
w w w . m a c c h i . c o m

Un rico país pobre

La economía argentina explicada

Oscar Gil

Un rico país pobre

La economía argentina explicada

 EDICIONES MACCHI

BUENOS AIRES - BOGOTÁ - CARACAS - MÉXICO, DF

I.S.B.N.: 950-537-618-9
Primera edición
Todos los derechos reservados
Hecho el depósito que marca la ley 11.723
MACCHI GRUPO EDITOR S.A.
2004 © by EDICIONES MACCHI
Córdoba 2015 - (C1120AAC)
Tel. y Fax (54-11) 4961-8355
Alsina 1535/37 - (C1088AAM)
Tel. (54-11) 4375-1195
(líneas rotativas)
Fax (54-11) 4375-1870
Buenos Aires - Argentina
http://www.macchi.com
e-mail: info@macchi.com

Gil, Oscar.
    Un rico país pobre: la economía argentina explicada - 1ª.
ed. - Buenos Aires: Macchi, 2004.
    240 p.; 23x16 cm.

    ISBN 950-537-618-9

    1. Economía Argentina I. Título
    CDD 330.9

EMPRESA ADHERIDA A LA CAMARA ARGENTINA DEL LIBRO

El autor

Se graduó como licenciado en Economía Política en la Universidad de Buenos Aires en 1970, y realizó estudios y trabajos en el país y en el exterior relacionados con su profesión y con la actividad de seguros en la que se especializó. Integró comisiones de estudio en el Colegio de Graduados de Ciencias Económicas y fue miembro electivo del Consejo Profesional de Ciencias Económicas de la Capital Federal.

Incursionó en el periodismo como colaborador del diario La Nación, durante más de 25 años, y de publicaciones del ámbito universitario, habiéndose desempeñado como directivo del Círculo de Periodistas de Almirante Brown. Su último libro, *La economía argentina explicada*, fue utilizado como texto de estudio por muchos estudiantes universitarios en el país.

Inició su actividad docente en la facultad de Ciencias Económicas de la Universidad Nacional de Lomas de Zamora donde fue profesor titular de Macroeconomía, se desempeñó durante muchos años como director del Departamento de Economía y fue miembro titular del Consejo Académico. Es profesor titular de la Cátedra I de Estructura Económica Argentina en esa casa de estudios y profesor adjunto de Macroeconomía y Teoría Económica en la Facultad de Ciencias Económicas de la UBA. Participó en distintas universidades del país como jurado de concursos docentes.

En la actividad privada fue director y funcionario de una prestigiosa empresa aseguradora, y director titular de una sociedad anónima financiera, participando como miembro de cámaras y asociaciones del sector.

Prólogo

Este trabajo pretende ser un análisis de la economía argentina, explicando simultáneamente los principios y las teorías macroeconómicas que se utilizan para este estudio, con la intención de que el lector adquiera también el conocimiento de los instrumentos necesarios para una interpretación seria de la realidad económica y que le permita continuar este análisis y elaborar sus propias conclusiones.

Estudiar la economía argentina produce sentimientos encontrados: es apasionante el análisis de un país que parece ser un verdadero laboratorio de prueba de políticas macroeconómicas, que pasó por momentos de auge y de profundas crisis, situaciones de recesión con inflación y hasta con la temida hiperinflación, con diferentes políticas económicas, liberales unas veces, fuertemente intervencionistas otras, con mercados abiertos o con economías cerradas, respetado en el mundo por sus logros o discriminado por el incumplimiento de sus obligaciones. Por otro lado, la frustración de reconocer un país que desde una destacada situación económica y social a principios del siglo XX llega a principios del XXI con la recesión más prolongada de su historia, con una inédita caída de la producción, con la mayor depreciación de su moneda, y niveles de desocupación y pobreza nunca alcanzados. Un país beneficiado por la naturaleza, con importantes riquezas naturales y las tierras más fértiles del mundo, muestra una declinación sin parangón y difícil de comprender. Pero también un país que cuenta con grandes posibilidades de rápida recuperación.

Con el rigor de la teoría económica y el contexto de la realidad argentina se tratan de explicar los acontecimientos pasados para comprender la economía presente y aportar claridad sobre el camino futuro. Ése es el objetivo de este trabajo.

Guía de la obra
Recomendaciones para su lectura

Con la intención de acercar los conocimientos mínimos para un análisis serio de la economía argentina, se avanza simultáneamente a través del trabajo en consideraciones de teoría económica, explicadas en forma sencilla y comprensible.

En el cap. I se hace un rápido repaso de la evolución del pensamiento económico en el mundo y en el tiempo y del contexto internacional donde la libertad de comercio, el proteccionismo o la globalización tuvieron y tienen indudables repercusiones en la economía interna. El cap. II es un primer panorama global de la economía nacional desde el nacimiento de la patria hasta principios de este siglo, obviando los detalles históricos, que podrían ser de interés en otro análisis, para destacar sintéticamente las políticas económicas que se sucedieron en ese período.

En el cap. III la denominada ecuación macroeconómica fundamental es el instrumento para entrar ya en la consideración de las principales cuentas de la economía argentina: el producto, el consumo, la inversión, las exportaciones y las importaciones. Pero el análisis sería incompleto si no se incorporara el sector financiero, con la política monetaria, que se trata en el cap. IV, y el sector externo, con las consideraciones sobre tipos de cambio y mercados cambiarios, que se hacen en el cap. V.

Con estos conocimientos ya se puede encarar el análisis de la gran crisis argentina de fines del siglo XX y principios del XXI, a la que se dedica el cap. VI. El interés de su estudio no sólo se explica por su extensión, su magnitud y sus consecuencias sobre la desocupación, la pobreza y la indigencia, sino también para evaluar el comportamiento de las políticas monetarias y cambiarias en esa situación. Se intenta una comparación entre la crisis argentina y la de los años treinta en los Estados Unidos y termina el capítulo planteando la inquietud entre un crecimiento económico sustentable en el tiempo y una recuperación que pronto se agota y termina en una nueva crisis.

En el cap. VII se analizan las cuentas del balance de pagos y después se considera, con alguna extensión, una debilidad estructural de la economía argentina que es su reducido comercio exterior y la necesidad de aumentar las exportaciones para impulsar el crecimiento y el empleo. El sector público, los ingresos y los gastos del gobierno nacional y de las provincias y su resultado son motivo de estudio en el cap. VIII junto con la deuda pública, su evolución y sus consecuencias.

¿Cuáles son las causas del crecimiento de las naciones?, ¿cuáles son los motivos de la decadencia argentina?, ¿cuáles son los factores por los que algunos países avanzaron mucho más que otros y mantienen un crecimiento sostenido? Estos son los interrogantes con los que comienza el cap. IX y que se intentan contestar con las enseñanzas que dejan las modernas teorías del crecimiento. Por último, se encaran algunos temas que se consideran prioritarios para la reconstrucción del país y para un desarrollo sostenido. Al terminar el último capítulo el lector tendrá la información y los elementos necesarios para elaborar sus conclusiones.

Los anexos

La obra se completa con cuatro anexos. El primero se refiere a la reestructuración de la deuda pública cuyos resultados son de innegable trascendencia para el futuro del país. El segundo contiene información sobre el presupuesto 2004 y las proyecciones macroeconómicas, preparadas por el gobierno hasta 2006. El tercero explica en qué consiste y cuáles son los fines de una nueva información periódica del Banco Central de la República Argentina sobre las expectativas del mercado, y el último anexo es un detalle de los presidentes que tuvo el país desde 1826 hasta la actualidad; la intención es sólo la de un recuerdo para los lectores, pero quizá su lectura pueda hacer imaginar alguna vinculación entre la inestabilidad política y los malestares de la economía argentina.

Advertencia

Muchas de las notas al pie se separaron del texto principal para la mejor comprensión de un tema, pero se considera muy conveniente que formen parte de la lectura de cada capítulo.

Índice

Capítulo I

El contexto internacional

Capítulo II

La economía argentina

Capítulo III

Las cuentas de la macroeconomía

Capítulo IV

La política monetaria en el mercado argentino

Capítulo VII

Las cuentas con el exterior y el equilibrio macroeconómico

Capítulo VIII

El sector público

Capítulo IX

Crecimiento y desarrollo

Anexos

El contexto internacional

Las doctrinas económicas
La economía clásica

Se ha dicho que es difícil entender el mundo actual si no se comprende su historia, pero cuando se considera la evolución del pensamiento económico tiene aún mayor justificación partir de las primeras doctrinas porque se puede afirmar que hoy se discuten los mismos temas que se debatieron hace muchos años, los mismos que ocuparon a los economistas clásicos y al pensamiento liberal con su fundamento en el libre juego de las fuerzas del mercado o, más tarde, a los autores que proponían una economía planificada con fuerte intervención en todos los mercados. Los extremos ya no existen, la mayoría de los países viven en sistemas capitalistas que según sus gobernantes o sus ideologías pueden inclinarse hacia uno u otro de aquellos extremos.

A mediados del siglo XVIII, tuvo su nacimiento la llamada primera escuela económica: la escuela o economía clásica, cuyos principios tienen explicación en el contexto histórico y social en el que se gestó esa corriente del pensamiento económico.

Ese siglo se destaca por la evolución de las ideas y los progresos en las ciencias. Inglaterra y Francia fueron las naciones donde florecieron las ideas del Iluminismo, una línea de pensamiento relacionada con la libertad, con el respeto a las leyes naturales y el derecho a la propiedad como fruto del trabajo del individuo ([1]). El despertar de

---

(1) Entre otros autores, puede mencionarse a JOHN LOCKE y a JEAN-JEAQUES ROUSSEAU.

nuevas ideas y el ansia de nuevos conocimientos, junto con el auge del comercio internacional, llevaron a la transformación productiva conocida como la Revolución Industrial, que nació en Inglaterra y pasó después al continente europeo. Fue mucho más que la invención de la máquina a vapor, fue el resultado de cambios en el pensamiento y en la educación, del nacimiento de nuevas ideas que hicieron posible la transformación en la producción.

Éste fue el contexto en el que vivieron y desarrollaron sus ideas los autores clásicos, entre ellos ADAM SMITH, considerado el padre de la economía clásica y un analista de la conducta humana. Su principal obra *La riqueza de las naciones* se publicó en 1776, y de allí surgen sus principios fundamentales:

El Estado no debe interferir en la regulación de la economía. Las fuerzas del mercado logran automáticamente el equilibrio mediante la puja de los compradores y los vendedores por obtener cada uno el mayor beneficio; sin proponérselo impulsan el bienestar general de la comunidad. Éste es el principio de la "mano invisible" que utilizó SMITH para explicar el equilibrio natural de la economía como consecuencia del libre actuar de los individuos (*laissez faire et laissez passer*).

Es de destacar la explicación de ADAM SMITH sobre cómo se logra ese equilibrio: no se puede esperar que cada individuo se proponga promover el bien común, "lo que nos procura el alimento no es la benevolencia de los proveedores, sino la consideración de su propio interés: no invocamos sus sentimientos humanitarios, sino su egoísmo, no les hablamos de nuestras necesidades sino de sus ventajas". Y agregaba: "Los intereses (de los comerciantes) [...] no sólo son diferentes, sino opuestos al bien público. El interés del comerciante consiste siempre en restringir la competencia...". Este sencillo razonamiento está explicando el fundamento de la economía capitalista, sobre la base del comportamiento de los individuos en el mercado, sean vendedores o compradores.

Los economistas clásicos explicaron el equilibrio en un mercado en libre competencia. No eran ingenuos en pensar que ésa era la situación en que se encontraban los mercados, sino que describieron su comportamiento en esas condiciones: si se restringe la competencia (por ejemplo, con prácticas monopólicas de las empresas, o impidiendo las importaciones, o con trabas a la compra de divisas) no existe un mercado libre, y deben asumirse las consecuencias, positivas o negativas, de ello.

Otro de los principios fundamentales dentro del pensamiento clásico es el de "acumulación": la acumulación de capital, a través de la ganancia del productor, facilita la inversión y aumenta la productividad. La estructura del capital (las máquinas, los equipos, las instalaciones de una fábrica) es el apoyo necesario al trabajo para aumentar la productividad (por ejemplo, obtener más producto en menos tiempo y con menor esfuerzo). La riqueza de un país, igual que en una empresa, aumenta en proporción a la habilidad y a la eficiencia del trabajo.

Para Smith, el origen de la riqueza de las naciones radica en dos condiciones: la cantidad de trabajo útil o trabajo productor de riqueza (lo distingue del trabajo improductivo) y el grado de productividad del trabajo, y lo explicó de la siguiente forma:

> "Existe una especie de trabajo que añade valor al objeto al que se incorpora y otra que no produce aquel efecto. Al primero, por el hecho de producir valor, se le llama productivo, y al segundo, improductivo. Así el trabajo de un artesano en una manufactura agrega generalmente valor a los materiales que trabaja, tales como su mantenimiento y los beneficios del maestro. El de un criado doméstico, por el contrario, no añade valor alguno.
>
> Aunque el maestro haya adelantado al operario sus salarios, nada viene a costarle en realidad, pues el aumento de valor que recibe la materia, en que se ejercitó el trabajo, restituye, por lo general con ganancias, los jornales adelantados. Cualquiera se enriquece empleando muchos operarios en las manufacturas y, en cambio, se empobrece manteniendo un gran número de criados."

El mismo autor se ocupó también de recomendar medios para incrementar la producción, convirtiéndose así en el precursor de la división del trabajo (la especialización de los trabajadores en determinadas tareas dentro de una línea de producciól). La extensión de este concepto al comercio internacional es el origen de la llamada "teoría de los costos comparados" según la cual cada país debería especializarse en los productos en donde tiene costos relativos más bajos que los de otras naciones.

Adam Smith fue seguido por otros economistas que sostuvieron ideas similares a las enunciadas a pesar de tener diferencias en aspectos parciales: Jean B. Say en Francia, David Ricardo en Inglaterra, y muchos otros. Años después reelaboraron estos principios los denominados economistas neoclásicos como León Walras, Vilfredo Pareto y Alfred Marshall, quienes dieron a la economía clásica un contenido más formal.

La puja de los vendedores y los compradores en el mercado —según Adam Smith— o los procesos de "tanteos y regateos en el mercado" —según WALRAS—, en una terminología de mayor rigor académico se conocerán como las fuerzas de la oferta y la demanda. El equilibrio en cualquier mercado (en cuanto a precios y cantidades vendidas) se logra cuando coinciden los deseos de los compradores —demandantes— con los de los vendedores —oferentes— en un determinado precio. En estas condiciones, un aumento de la demanda producirá una suba de los precios; si la producción responde con un incremento de la oferta de bienes en igual proporción, los precios se mantendrían sin variación. Este mecanismo es fundamental dentro de la economía de mercado y es tan cierto como la ley de gravedad, siempre que se trate de un mercado en competencia perfecta, transparente y sin trabas o acuerdos monopólicos ni por parte de los vendedores o productores, ni de los compradores. Cuando el mercado tiene algún tipo de limitaciones (precios máximos, topes de ventas, monopolios o acuerdos sectoriales, regulaciones, etc.), no se puede pretender que funcionen adecuadamente las fuerzas naturales del mercado. Las funciones de oferta y demanda tienen siempre el mismo comportamiento para cualquier bien, se trate de pan, trigo, automóviles o divisas; debe conocerse su comportamiento en un mercado libre y las consecuencias cuando éste no existe, para después tomar las medidas que la política económica aconseje.

Otro aspecto a destacar de la doctrina clásica, por último, es el cuidado en la cantidad de dinero en la economía (hoy diríamos la oferta monetaria). La denominada "Teoría Cuantitativa del Dinero" establecía la relación que existe entre la cantidad de dinero y el nivel de precios, advirtiendo que cualquier aumento en la moneda circulante originaría un incremento en el nivel de precios (si se mantienen constantes el producto y los otros factores de la economía). Y esto es un principio que tiene tanta vigencia hoy como en el siglo XVIII ([2]).

---

(2) La **teoría cuantitativa** según el enfoque de IRVING FISCHER muestra que:

$$M . V = P . T$$

Donde M es la cantidad de dinero; V, la velocidad de circulación del dinero; P, el nivel de precios, y T, la cantidad de transacciones. Considera a V como proporcional a la cantidad de transacciones: el saldo medio mantenido por los individuos para sus transacciones depende de la frecuencia con que reciben los ingresos y de su estructura de gastos, que no varía en el corto plazo (y lentamente en el largo plazo).

Por lo tanto, la velocidad del dinero como las transacciones (V y T) pueden considerarse constantes en un período. Siendo así, **el nivel de precios es proporcional a la cantidad de dinero**.

El enfoque de Cambridge sobre la Teoría Cuantitativa (MARSHALL y PIGOU) es similar y llega a la misma conclusión.

Las políticas económicas
John M. Keynes

Mientras tanto en el mundo comenzaban a producirse cambios. La Primera Guerra Mundial (1914-1918) produjo importantes pérdidas humanas y de bienes, y la destrucción de las finanzas de muchos de los países que intervinieron. La inflación, la desorganización de los mercados y del comercio internacional y la organización del movimiento sindical fueron nuevas situaciones que había que encarar.

Así se llegó a la gran crisis de los años 1929 y 1930, que se sintió especialmente en los países europeos y en los Estados Unidos; se caracterizó por una gran depresión comercial y productiva, y la desocupación masiva que plantearon dudas sobre la eficiencia del mercado y su capacidad para solucionar esa situación, dando paso a las ideas de intervención del Estado en la economía.

JOHN MAYNARD KEYNES (1883-1946) se ocupó de estos problemas en su obra principal, *La teoría general del empleo, el interés y la moneda*, publicada en 1936, y puso en práctica sus principios como asesor económico de los gobiernos de Inglaterra y de los Estados Unidos: el Estado debía regular el crecimiento económico, supliendo las carencias del *laissez faire*.

Afirmó que las doctrinas económicas clásicas eran lógicas pero inaplicables en ese momento, porque no tenían en cuenta la desocupación, y el motivo de ésta había que buscarlo en causas distintas del nivel del salario. Atribuía la crisis de esos años a una insuficiencia en la demanda ocasionada por una política monetaria restrictiva porque había dinero atesorado por la gente que no estaba dentro de la corriente monetaria. Si bien los economistas clásicos habían considerado irracional mantener dinero atesorado, KEYNES explicaba que existía un nuevo motivo —especulación— (3) para tener dinero guardado sin retribución, porque la tasa de interés era lo suficientemente baja como

---

(3) KEYNES **distinguió tres motivos para demandar dinero** (demanda de dinero en efectivo): el motivo **transacción** —para las compras normales del individuo— y el motivo **precaución** —dinero que mantiene para sus gastos no planeados— dependen del nivel de ingresos de cada persona. El motivo **especulación** está relacionado con las expectativas sobre la evolución de la tasa de interés: si es muy baja, la gente espera que suba y por lo tanto demanda dinero (efectivo). Por lo tanto, la demanda de dinero depende positivamente del nivel de transacciones y negativamente de la tasa de interés.

para que la gente guarde su dinero en efectivo en espera de una suba. A esta situación se la conoce como "trampa de la liquidez".

Consideraba a los precios de los bienes altamente rígidos y que cualquier modificación en la demanda produciría cambios en la producción y sólo secundariamente en los precios. Los aumentos en la cantidad de dinero tampoco producirían incrementos en los precios, porque disminuiría la velocidad con la que circulaba el dinero en la economía, y por lo tanto sus efectos no se trasladaban a los precios (ya se verá más adelante que los aumentos en la cantidad de dinero con inflación no disminuyen su velocidad, sino que —por el contrario— la aumentan).

Keynes sostenía que el desempleo es como un objeto en equilibrio estable que permanecerá así mientras no exista una fuerza exterior que modifique ese equilibrio. Esa fuerza que se inyectaría al circuito económico para activar la producción sería la demanda efectiva formada por el gasto de la población (consumo) más el gasto de las empresas (inversión). El primero depende del ingreso de los individuos y de su propensión a consumir según su nivel de ingresos. La inversión depende de la tasa de interés, como lo habían explicado todos los economistas anteriores (la demanda de inversión es una demanda de fondos para invertir, por lo tanto cuanto más baja sea la tasa de interés, menor será el costo de la inversión y mayor será la demanda de fondos para invertir). Keynes agregó que existen otros factores que influyen sobre la inversión como la incertidumbre sobre el rendimiento futuro de los bienes de capital o el nivel que alcanzará la tasa de interés a mediano plazo, o de actitudes psicológicas de los operadores o sus evaluaciones sobre el futuro.

En resumen, la inversión es altamente inestable, depende de actitudes psicológicas del individuo y de la confianza en el futuro. Menos inversión significa disminución de la producción, del empleo y de los ingresos de la gente. Por ese motivo, Keynes proponía políticas dirigidas a aumentar el gasto de consumo de los individuos para promover la producción y el empleo; un aumento de los ingresos sería volcado rápidamente al consumo y esto conduciría a la reactivación de la economía. Esto requiere la intervención del Estado, porque el aumento de los ingresos tendría que provenir de la inversión en obras públicas.

Debe recordarse que en ese momento existía en los Estados Unidos una importante capacidad industrial instalada, ociosa circunstancialmente por los motivos ya analizados, pero que podía responder con facilidad a los estímulos de una mayor demanda. El gasto público apenas alcanzaba al 6 % del producto bruto, mientras que hoy esa relación es más de cinco veces superior. Además, el comercio internacional y los movimientos de capitales estaban muy reducidos, y por lo tanto la economía norteamericana dependía fundamentalmente de los incentivos a la demanda interna ([4]). La propuesta keynesiana en otro contexto sólo produciría inflación sin llegar a reactivar el aparato productivo.

Después de KEYNES muchos se sintieron keynesianos sin conocer el pensamiento de KEYNES, y fue él mismo quien se ocupó de discrepar duramente con ellos, especialmente cuando trataban de vincularlo con políticas intervencionistas o cuando se trató de justificar la inflación con los aumentos indiscriminados del gasto público. Su preocupación estaba en la defensa del empresario privado, y no en un Estado absorbente, y por eso luchó contra los impuestos excesivos que limitaban la actividad.

Después de Keynes

Desde los años cuarenta, se aplicaron en el mundo capitalista políticas basadas en las ideas de KEYNES. Una excepción fue Alemania Federal, donde a partir de 1948 LUDWIG ERHARD aplicó la "economía social de mercado", una síntesis de libre competencia e intervencionismo, con una fuerte acción del Estado que actúa para orientar y dirigir la economía y para garantizar la libre competencia.

Después de la Segunda Guerra Mundial hay un claro crecimiento de la intervención estatal con una tendencia en aumento en los años siguientes. En algunos países, la participación del Estado se limitó a los servicios de transportes y comunicaciones y al sector energético, es el caso de Gran Bretaña y Alemania. En otros países, como España, Francia, Italia y muchos latinoamericanos, la actividad estatal se extendió al sector industrial y al comercio.

---

(4) Hacia 1938, la tasa de desempleo todavía se mantenía relativamente alta y algunos opinan que en realidad fueron los efectos reactivantes de la Segunda Guerra Mundial (1939-1945) los que contribuyeron a impulsar el mayor empleo.

Algunos autores, sin proponérselo, dieron sostén teórico a la política en boga con el entusiasmo de muchos gobernantes no demasiado propensos a cuidar el gasto público. WILLIAM PHILLIPS (1958) relacionó la inflación con el desempleo: la llamada "curva de Phillips" mostraba menor desempleo con más inflación, o viceversa, y la conclusión para muchos fue que con inflación podía crecer el empleo y el producto. En realidad, la explicación de PHILLIPS consistía en que a menor desempleo (tasa de desocupación más baja) las empresas para contratar mano de obra tendrían que pagar salarios más altos y este mayor costo sería trasladado al precio de sus productos ([5]).

En el transcurso de los años setenta se advierten en el mundo las limitaciones de las políticas extremadamente intervencionistas y de expansión del gasto: crisis de balanza de pagos, desórdenes fiscales y altísima inflación con un magro crecimiento del producto. Con la mayor presión fiscal, la extensión de la burocracia y la menor calidad de los servicios públicos, crece el descontento social y en los primeros años de la década comienza a cuestionarse ese modelo.

MILTON FRIEDMAN (Universidad de Chicago), quien recibió el Premio Nobel de Economía en 1976, puso énfasis en el control de la oferta monetaria —la cantidad de dinero en la economía— para lograr la estabilidad de precios sosteniendo que el dinero no puede ser controlado o manejado arbitrariamente. Otros autores "monetaristas" expusieron la ineludible necesidad de bajar el gasto público: reduciendo sólo la oferta monetaria sin bajar los gastos improductivos del Estado habrá una presión al alza de la tasa de interés, por la necesidad de financiamiento. La tasa de interés normalmente tendría que estar por debajo de la tasa de retorno o de rentabilidad promedio de las actividades productivas. La política monetaria debe seguir a la política fiscal. Si el gasto público es expansivo y la cantidad de moneda no crece, tiende a aumentar la tasa de interés. De ahí la necesidad de controlar el gasto público, más allá del déficit fiscal.

---

(5) PHILLIPS estudió la relación entre **inflación y desempleo** que existía en Inglaterra en 1958. Más tarde, en 1960, P. SAMUELSON y R. SOLOW hicieron lo mismo para los EE.UU., y fueron quienes le pusieron nombre a esta relación. La inflación depende negativamente de la tasa de interés: a menor desempleo (mayor ocupación) las organizaciones sindicales tienen mayor poder de negociación y las empresas que necesiten aumentar el empleo deberán pagar mayores salarios que son costos que se trasladan a los precios. Cuando el desempleo es alto, baja el poder de los sindicatos, los salarios no aumentan y no suben los precios.

En los años setenta, mientras muchos países sufrían inflación con estancamiento de la producción —"estanflación"— un grupo de economistas proponía reactivar la economía estimulando la oferta, en lugar de la función de demanda como sugería KEYNES. ROBERT MUNDELL afirmaba que la disminución en los impuestos estimularía no sólo la demanda agregada, sino también la oferta por las decisiones de producción de las empresas. ARTHUR LAFFER, más tarde, presentó su teoría, resumida en la conocida curva que indica cómo a partir de cierto nivel de imposición cualquier aumento en los impuestos provocará la disminución de la recaudación y el desaliento a la producción.

Las expectativas racionales

En la década del setenta varios autores defendieron la teoría de las expectativas racionales. Las expectativas que tiene la gente sobre el futuro están relacionadas con la experiencia que esa gente tuvo de situaciones similares: todos aprendemos de nuestros propios errores. Por ejemplo, un aumento de salarios o de la cantidad de dinero predice un aumento de los precios y más inflación; esto en nuestro país lo conoce muy bien tanto el comerciante como la señora que va al mercado. Los individuos y las empresas, entonces, no se ven sorprendidos por la inflación, sino que la anticipan, y para defenderse de sus efectos toman medidas lógicas (comprar un producto antes que aumente), pero que en definitiva ayudan aún más al incremento de los precios (6).

---

(6) No siempre las decisiones que se toman son racionales. Un nuevo campo de estudio llamado "neuroeconomía" o "economía conductista" estudia el comportamiento del cerebro humano ante la toma de decisiones estratégicas. Neurólogos y economistas investigan cómo las emociones y algunos impulsos humanos (sentimientos, intuiciones, etc.) condicionan el comportamiento económico de los individuos que en algunas oportunidades terminan tomando decisiones opuestas a las que consideraban como óptimas y que pueden ser contrarias a su propio interés económico. Las neuronas y determinadas sustancias químicas del cerebro producen cambios y fluctuaciones según el comportamiento de los individuos: sobre la base de ello, los investigadores escanean el cerebro mientras las personas toman decisiones y exponen sus conclusiones en ecuaciones matemáticas.

Las malas o erróneas decisiones que pueden tomar los agentes económicos, justifican, según esos profesionales, la intervención del Estado para evitar que tomen medidas que los perjudiquen. No exponen si las decisiones de los funcionarios del Estado están exentas de las mismas desviaciones.

El economista norteamericano ROBERT LUCAS publicó en 1972 su trabajo *Expectativas y la neutralidad del dinero*, donde explicaba la reacción de los individuos y de las empresas frente a las políticas inflacionarias implementadas en economías desarrolladas que no servirían para combatir el desempleo, sino que generaban mayor inflación. Lo acertado de sus predicciones y su profundización del análisis macroeconómico lo hicieron acreedor al Premio Nobel de Economía en 1995.

Los últimos años

En la década del ochenta comienza a materializarse en los principales países europeos una mayor prudencia en la intervención estatal con desregulación de muchas actividades que estaban fuertemente controladas y la privatización de empresas públicas. Esta nueva orientación de la economía con menor peso del sector público y mayor participación de la actividad privada, se expandió a todo el mundo, llegando a los países latinoamericanos a fines de los años ochenta y principios de los noventa.

Hoy todavía se discuten los mismos principios que fundamentan las teorías comentadas: libertad económica en libre competencia o intervención del Estado. El mundo actual se orienta a una economía en libre competencia, controlada por las autoridades económicas que se reservan la intervención con políticas monetarias o fiscales en áreas estratégicas. La confianza en el mercado no debe significar ausencia de la dirección del Estado, así lo reconocía ADAM SMITH, y existen muchos ejemplos en el mundo, desde Alemania —con la economía social de mercado— hasta los EE.UU. —donde el Estado se reserva una importante participación en los sectores que considera prioritarios—.

El Banco Mundial, en un informe en el que se ocupó de la complementariedad del Estado y el mercado, sostenía que el Estado es esencial para sentar las bases institucionales que requiere el mercado y que existe una fuerte vinculación entre fortaleza del Estado y crecimiento económico: se necesita un Estado eficiente y creíble para atraer inversiones privadas, sobre todo directas. Sugiere definir primero la misión del Estado (seleccionar prioridades) en función de su capacidad y después mejorar y vigorizar las instituciones públicas, luchando contra la corrupción y los sistemas judiciales impredecibles (7).

---

(7) Banco Mundial, *Informe sobre el desarrollo mundial 1997. El Estado en un mundo cambiante.*

Parece existir coincidencia general en que el Estado ya no debe ser productor de bienes y servicios que pueden estar a cargo de la actividad privada, pero tiene otras funciones propias, indelegables, que debe cumplir con eficiencia. Un Estado que administre bien y ayude al equilibrio entre los distintos intereses en juego, que permita el desarrollo individual, la igualdad de oportunidades, que castigue la corrupción y que modere la burocracia, es decir, lograr el buen funcionamiento de todas las instituciones, con la utilización moderada y adecuada de algunos instrumentos de política monetaria y fiscal. Un claro ejemplo de la evolución del pensamiento en tal sentido lo brindan los gobiernos socialistas de algunos de los países nórdicos altamente desarrollados que promueven la actividad y la inversión privada en mercados competitivos, reservándose la política impositiva y la fijación de políticas sociales y ciertas prioridades en materia de educación, investigación, etc. Pero todo dentro de un contexto de Estado dedicado a la promoción y el control, no a un Estado en competencia con la actividad privada.

Del proteccionismo a la globalización

Hacia fines del siglo XVIII se inició en el mundo un período de libertad de comercio, sin trabas de ningún tipo para comprar o vender, promovido por Inglaterra, que —favorecida por la Revolución Industrial— no necesitaba protección para su industria porque no tenía competencia y precisaba garantizar la libertad comercial para colocar sus productos. Esta situación continuó hasta las primeras décadas del siglo XX y fue en ese excepcional período de libre comercio internacional cuando la Argentina tiene un sostenido crecimiento fundado en sus exportaciones agropecuarias.

A partir de la década del treinta comienzan a aplicarse en el mundo medidas proteccionistas que impedían la libre entrada de productos: aranceles para las importaciones, cupos para determinados bienes, controles de cambio para ciertas mercaderías, necesidad de autorización previa o la prohibición del ingreso al país. Muchos de los países que eran habituales compradores de la Argentina comenzaron a proteger a su sector agrícola con esas prácticas o con otros instrumentos como los subsidios a sus productores o a la exportación, o estableciendo un precio mínimo (precio sostén) para la compra de la cosecha.

Supuestamente, el proteccionismo protege a los productores de los países que aplican prácticas que impiden la importación y eliminan la competencia. Pero esto tiene un costo muy elevado para los consumidores y para los productores de otras actividades no favorecidas por esa medida. Los consumidores generalmente se perjudican por el mayor precio que deben pagar por el producto subvencionado, por su menor calidad ante la ausencia de competencia y, además, por los mayores impuestos que deben pagar para sostener los subsidios. En definitiva, los consumidores ayudan involuntariamente a sostener actividades ineficientes y a empresarios poco dispuestos a invertir por no estar obligados a competir.

En los países desarrollados el sector agrícola, que es el sector protegido, representa una proporción relativamente reducida de su producto bruto y, entonces, los perjuicios resultan menores. Por otra parte, las condiciones de sus economías permiten un gasto que no está al alcance de los países en crecimiento con impostergables necesidades de todo tipo. La Argentina sintió los efectos del proteccionismo agrícola, especialmente del proveniente de los países que hoy componen la Unión Europea, con la disminución de sus exportaciones de carne a partir de 1930 y la dificultad más tarde para colocar su producción de cereales y oleaginosas en Europa y en los Estados Unidos.

GATT y OMC

En 1947, veintitrés países firmaron el Acuerdo General de Tarifas y Comercio (GATT - General Agreement on Tariffs and Trade), con el fin de garantizar el libre comercio y eliminar las restricciones, trabas aduaneras o impositivas, cuantitativas y de cualquier tipo que impidieran las relaciones comerciales. La Argentina adhirió al GATT recién veinte años después de su creación, en 1967.

En los últimos años participaron en el GATT más de cien países. Los acuerdos se concretan en ciclos de negociaciones llamados "rondas" que pueden durar varios años. El principio fundamental es el de "nación más favorecida", que establece que cualquier ventaja concedida a un producto debe ser inmediatamente extendida a los productos similares que producen o compran los países adheridos, garantizando de esta forma el mismo trato aduanero y arancelario que el otorgado a un bien en la "nación más favorecida". En las primeras rondas se lograron bastantes acuerdos, con cierta facilidad, porque los países industrializados coincidieron en establecer rebajas arancelarias sobre las manufacturas que a esos mismos países les interesaba comercializar. Las soluciones son más difíciles de lograr cuando se trata de eliminar trabas al comercio de productos agropecuarios.

La última ronda del GATT fue la denominada "ronda Uruguay" que comenzó sus deliberaciones en Punta del Este en 1986 y finalizó recién en diciembre de 1993. La duración de esta ronda está en relación con las dificultades en lograr los acuerdos que fueron importantes para la eliminación progresiva de subsidios y de aranceles para productos agropecuarios y textiles, pero en la realidad las soluciones se fueron postergando y muchas quedaron incumplidas.

Quizás una de las consecuencias más importantes de la última ronda del GATT sea la creación de la OMC (Organización Mundial de Comercio) o WTO (World Trade Organization), que en la práctica reemplazó al GATT. Su misión es supervisar el nuevo régimen establecido, garantizar que se cumplan los acuerdos y oficiar de mediador de los países que se consideren perjudicados por otros. A diferencia del GATT, esta nueva entidad tiene una organización permanente con sede en Ginebra, Suiza, bajo la dirección de un Consejo General. El máximo nivel de la OMC es la Conferencia Ministerial, una asamblea general compuesta por todas las naciones que lo integran que se debe reunir, por lo menos, cada dos años. Las decisiones se toman por consenso, pero si no se lo logra se recurre a la votación en donde cada país tiene un voto de igual valor. Para la Argentina adquieren una importancia sustancial las negociaciones en este organismo para su mayor inserción en el mercado mundial y en el comercio agrícola donde todavía queda mucho por hacer hasta lograr la eliminación de trabas y aranceles en granos, oleaginosas, fibras textiles, etc. [8].

----

(8) Hay varias acciones iniciadas por la Argentina, en algunos casos junto con otros países, presentadas en el Órgano de Soluciones de Diferencias o en el Comité de Salvaguardias, reclamando el cumplimiento de las normas establecidas como, por ejemplo, con motivo de la prohibición del ingreso de productos transgénicos a la Unión Europea, o por la aplicación de subsidios al algodón en los Estados Unidos o por subsidios a la carne vacuna en Europa o las impugnaciones presentadas en el litigio promovido por los Estados Unidos por la importación de tubos de acero sin costura desde la Argentina. Es importante poner énfasis en esta política de reclamo como medio de defender las exportaciones.

En los últimos años, Europa y los EE.UU. aumentaron su proteccionismo sin atender las recomendaciones de la OMC y el reclamo de los países exportadores. A mediados de 2002, los EE.UU. aprobaron nuevos subsidios para los agricultores, establecieron precios garantizados para varios productos y créditos blandos a largo plazo. La Unión Europea, por su lado, está gastando casi la mitad de su presupuesto en subsidios al agro. Según estimaciones de la Organización para la Cooperación y el Desarrollo Económico (OCDE), los países más desarrollados gastan 360.000 millones de dólares anuales para proteger y subsidiar al sector agropecuario [9].

Las consecuencias del proteccionismo agrícola son importantes: reduce la demanda de los países ahora productores, provoca la baja de los precios internacionales de los granos en perjuicio de los países menos desarrollados y promueve prácticas de cultivo intensivas con agroquímicos con peligro para el medio ambiente. El resultado más grave es la desigualdad entre las naciones al afectar la producción y los niveles de vida de la población. Las barreras a los productos agrícolas, para la Argentina, significan menos producción, desequilibrios externos y menos ingresos. Además constituye un mal antecedente para todos los esfuerzos hechos por los países menos desarrollados para desenvolverse en un contexto de apertura comercial.

La Argentina, con los otros países productores, no debe abandonar el recurso de la queja ante los organismos internacionales para denunciar esta violación a los principios del libre comercio.

Globalización

Hoy el mercado es muy diferente del de sólo veinte años atrás. Los avances tecnológicos ayudaron a este cambio (la capacidad de un procesador se multiplica todos los años convirtiéndolo en obsoleto rápidamente). Las comunicaciones modernas a través del fax o de

---

(9) La Ronda de Doha, que debería terminar las deliberaciones a fines de 2004, tenía en su agenda tratar una liberación sustancial de la agricultura y de productos agroindustriales propiciada por los EE.UU., Australia y Canadá, pero tiene un avance muy lento por la oposición de la Unión Europea, Japón, Suiza y Noruega. Resulta difícil modificar los términos de la Política Agrícola Común de la Unión Europea que determina los subsidios que cada país del bloque destinará para sus agricultores.

internet, la fibra óptica y los satélites, las teleconferencias y la televisión satelital, las comunicaciones simultáneas a todas partes del mundo y desde cualquier lugar, permiten tener información en el momento, tomar decisiones y realizar operaciones de cualquier tipo, sin que dificulten las distancias, los océanos o las montañas.

Las comunicaciones inmediatas acercaron a los países y sus empresas, permiten conocer en el momento (*on line*) la situación del mercado en cualquier lugar del mundo y disponer así la compra o venta de acciones o una inversión, o con la misma rapidez llevar los capitales hacia un lugar más seguro o más redituable. Los avances en internet, por ejemplo, significan mucho más que los beneficios que se pueden apreciar en el ámbito doméstico (información inmediata, lectura de diarios, acceso a páginas educativas o a organismos o instituciones, comunicación frecuente con los parientes del exterior, etc.). Su uso en la actividad privada o en oficinas u organismos públicos permite mejor información, ayuda a la competitividad de la empresa, posibilita un mayor control administrativo y un adecuado seguimiento de los trámites o de la gestión de las filiales y hasta del gasto público en el Estado.

Este avance en las comunicaciones permitió que las distancias no sean un obstáculo para la dirección de las filiales ubicadas en distintos lugares del mundo. Así una empresa en la Argentina puede fabricar un componente que se ensamblará en alguna fábrica situada en el Asia, y de allí pasar a un país europeo para su venta y distribución. Un producto puede fabricarse en varias etapas en países distintos, de acuerdo con las facilidades y ventajas para su producción, y comercializarse donde encuentre mejores condiciones. Entre las empresas hay un intercambio de bienes, servicios, tecnología y también de capitales según las posibilidades de acceso a los mercados de capitales de cada país.

Por otro lado, la apertura de la economía y la competencia entre los países por atraer inversiones del exterior hizo que las grandes empresas internacionales incrementaran las inversiones en los países menos desarrollados. Estas grandes empresas también se ven obligadas a mejorar su productividad para ser más competitivas y por eso tuvieron que modernizar las estructuras productivas de sus sucursales o filiales con fuertes inversiones en equipos, maquinarias y tecnología. Procurar ventajas competitivas, por medio de medidas que favorezcan la inversión y atraigan a las grandes empresas, puede ser tan importante o más que las mismas ventajas naturales.

Buena parte del mayor comercio internacional se debe a las inversiones directas de las grandes empresas en otros países, estableciendo filiales que no tienen como meta el limitado mercado interno, sino el mercado mundial o el regional (el Mercosur, en el caso de la Argentina). De acuerdo con las facilidades, costos u otras conveniencias producen intercambio de partes o bienes intermedios o venta de productos finales con filiales ubicadas en otros países, y no necesariamente con su casa matriz. Muchas de las compras y fusiones de empresas en la Argentina en la década del noventa responden a esta situación. La organización de las empresas también está cambiando en este mundo globalizado; la integración vertical, que caracterizó a las empresas más grandes y a las corporaciones multinacionales (que elaboraban desde la materia prima hasta el producto final, ocupándose del transporte, la comercialización y hasta la financiación de las ventas), está dando lugar a la especialización, como respuesta a la creciente necesidad de mayor eficiencia, más flexibilidad y mejor competitividad.

La innovación y el desarrollo de nuevas tecnologías no son aspectos novedosos en la historia económica. La diferencia con cincuenta años atrás es la velocidad con la que se produjeron todos estos cambios y los avances que continúan. La globalización no es más que las características del mundo actual, que permite una mayor actividad financiera, con capitales que se mueven por todo el mundo con mejor información, con mayores inversiones directas por parte de las empresas multinacionales interesadas en ampliar sus mercados, o con mayores inversiones entre empresas para producir partes o accesorios donde más les convenga, o por inversiones en servicios que se multiplicaron en los últimos años.

Ventajas y perjuicios

Desde hace muchos años, la globalización es tema de debate entre los economistas. JEFFREY SACHS, ahora en la Universidad de Columbia, o JOSEPH STIGLITZ, de la misma casa y autor de *El malestar en la globalización*, criticaron las medidas de apertura económica "demasiado rápidas" o la forma incorrecta del libre comercio que ha lesionado a los países más pobres y a los mercados emergentes. Otros, como JAGDISH BHAGWATI (*En defensa de la globalización*), sostienen que el libre comercio y la inversión extranjera de grandes multinacionales ha mejorado las condiciones económicas y sociales de algunos países del mundo desarrollado. Otra visión es la de SAMEENA AHMAD, editora de Negocios de la revista británica The Economist: "uno puede abrir el país, pero si no hay infraestructura, hay corrupción y no funciona la justicia para que atraiga y retenga el capital extranjero, es muy difícil que la economía prospere", y propone crear una red de contención para alivianar la transición: "algunos de los países más globalizados son los que más gastan en proyectos de seguridad social".

Los mercados globalizados, efectivamente, pueden traer ventajas o perjuicios para los países. Las mayores ventajas son indudablemente para las naciones que reciben mayores inversiones y logran mantenerlas; incorporan tecnología, aprenden a usarla, crean nuevas necesidades internas y ayudan a formar empresarios nacionales emprendedores que se forman en un ambiente muy competitivo.

Las mayores inversiones no siempre garantizan un aumento del empleo porque las empresas multinacionales llegan con alta tecnología que ahorra mano de obra, especialmente cuando se instalan en un país con atraso tecnológico. Además hay ciertas actividades, dentro de la misma empresa, que no la realizan en el país porque es provista por una filial en otro país (por ejemplo, un centro de cómputos que abastece a varias filiales), aunque ésta es una preocupación para los mismos países desarrollados que actualmente están comprobando la transferencia de servicios a países con menores costos: empresas de los Estados Unidos instalaron sus *call centers* en la India, otras encargan el diseño de software de computación o tercerizan otros servicios en países asiáticos para aprovechar menores costos en personal o en comunicaciones o por el uso de distintas zonas horarias. Esta nueva generación de empleo para algunos países no sólo ocupa mano de obra menos calificada, sino que llega a las tareas especializadas; tal es su importancia que a principios de 2004 el Congreso de los Estados Unidos aprobó una ley proteccionista que impone trabas al *outsourcing* para los trabajos del gobierno federal.

Pero los mayores perjuicios parecerían estar en la irregular e incompleta apertura del comercio internacional por las trabas impuestas por los países más desarrollados, burlando el principio de igualdad entre las naciones. Cuando establecen subvenciones a la producción o altos aranceles a las importaciones, están reduciendo los ingresos en los países de menor crecimiento, lo que significa mayor pobreza para sus productores.

La globalización no es una posición ideológica que se puede adoptar o rechazar, es una realidad de las relaciones internacionales. Los movimientos antiglobalización que se expresan ruidosamente en varios países a menudo sostienen posiciones contrarias a los intereses de los países productores agropecuarios, como la Argentina. Sus líderes defienden el proteccionismo agrícola en sus países al mismo tiempo que reclaman mayores favores de los organismos internacionales hacia las naciones en desarrollo, o aparecen como fervientes defensores del medio ambiente oponiéndose a la compra de productos tratados genéticamente, sin comprender que estas investigaciones, que se iniciaron en la Argentina hace más de cincuenta años, posibilitaron aumentar la cantidad de alimentos para que mucha gente no se muera de hambre en el mundo [10]. El tema de la globalización no se debería mezclar con aspectos ideológicos, tendría que estar centrado en la solución de los verdaderos problemas: por un lado, lograr una real libertad de comercio, y por otro, crear, seriamente, las condiciones para atraer los buenos negocios.

Economía abierta

Para la Argentina, fue tan perjudicial el proteccionismo agrícola del exterior como el proteccionismo industrial interno. Proteger un sector significa imponer una carga a la sociedad en beneficio de sectores privilegiados con subsidios o con menores impuestos. Como no es posible la protección de todos los sectores, si se protege a uno quedarán otros desprotegidos, si se protege con altos aranceles a la industria del papel, por ejemplo, las editoriales cargarán con un costo mayor o un papel de menor calidad.

Generalmente, la protección excesiva promueve productos de baja calidad y de alto precio, por la falta de competencia, perjudicando a los consumidores y también al país por la imposibilidad de colocar esos productos en los mercados externos. En un mercado cerrado las empresas fijan sus precios en función de los costos más el margen de ganancia que se propongan; en una economía abierta el precio del mercado determina los costos y obliga a reducirlos y adecuarlos a la competencia, exige a la empresa que sea más eficiente.

---

(10) En julio de 2003 el Parlamento Europeo impuso el etiquetado obligatorio de los productos alimenticios que contengan organismos genéticamente modificados o transgénicos (se basan en la modificación de la estructura genética de la semilla para que la planta sea resistente a determinadas enfermedades evitando así el uso de agroquímicos en los cultivos). Se considera una medida paraarancelaria sin sustento científico que encarecerá y obstaculizará las exportaciones argentinas ya que el país es uno de los que posee más área sembrada con estos cultivos (casi el 25 % del total sembrado, especialmente en cultivos de soja y maíz).

Si una compañía no está obligada por la competencia, no se esforzará en adecuar sus costos para reducir el precio final del producto o buscar otras formas de diferenciarse de sus competidores, como mejor atención posventa, mejoras en la presentación del producto o en la comercialización. Todo esto es más beneficio para el consumidor.

Una política de apertura de la economía debe significar la búsqueda de más exportaciones y más importaciones para promover la competencia y lograr eficiencia en la producción nacional con menor precio y mejor calidad. Se debe pensar en un mercado mucho más extenso que el limitado por las fronteras del país.

Hoy es difícil concebir un país que pueda crecer en una economía cerrada. La apertura del mercado es ineludible en cualquier economía moderna, pero esto nunca significa una apertura total, sin restricciones; aun las economías más abiertas establecen aranceles para algunos bienes.

Los aranceles a las importaciones son una forma de seleccionar la entrada de productos, o de seleccionar su procedencia como, por ejemplo, se aplican aranceles diferenciados en una zona comercial. El Mercosur tiene establecido llegar a un arancel cero para todos los bienes comercializados entre los países que lo integran (Argentina, Brasil, Paraguay y Uruguay) y un arancel externo común, uniforme para los cuatro miembros, para los productos extrazona.

Las dificultades económicas de los integrantes del Mercosur han postergado los acuerdos de adecuación para completar la primera etapa de esta zona económica ([11]). La meta, sin embargo, debería ser

---

(11) **Etapas para una integración regional:**

1. **Zona de libre comercio.** Los productos de los países que integran la zona circulan libremente sin restricciones arancelarias ni de otro tipo (arancel cero para el comercio intrazona).

2. **Unión aduanera.** Supone una política comercial común frente a terceros países. Se fija un arancel externo común (AEC) para los productos provenientes del resto del mundo que ingresan al área.

3. **Mercado común.** Se agrega a la unión aduanera la libre movilidad de los factores de la producción (trabajo y capital). Esto requiere coordinar las políticas macroeconómicas, legislación del empleo, disposiciones sobre movimientos financieros e inversiones, etc.

...///

consolidar este mercado como medio de ampliación de los mercados internos, sin barreras arancelarias y fortalecer, desde el Mercosur, el intercambio comercial con otros países, sin excluir la integración en otras zonas económicas como la Unión Europea o el ALCA. El Mercosur puede transformarse en un fuerte mercado regional, proveedor de alimentos para el mundo, con incorporación de otros países para tener una salida hacia los dos océanos y una mejor llegada a todos los mercados. Para ello, sus miembros deberían coincidir en una estrategia común.

La apertura de la economía aquí comentada se refiere a la apertura del mercado de bienes y servicios; la apertura de los mercados de capitales, la movilidad sin restricciones a los movimientos de capitales internacionales responden a otros incentivos y tienen otras consecuencias que se analizan más adelante.

Conclusión

Los economistas clásicos explicaron el funcionamiento natural de la economía y el equilibrio que se logra por las fuerzas del mercado en una situación ideal de libre competencia. KEYNES sostuvo la necesidad de intervenir en la economía con políticas directas cuando esas condiciones no se daban o existían impedimentos al equilibrio natural. El capitalismo moderno se nutre en la economía de mercado, reconoce un importante papel a la actividad privada para la producción de bienes y servicios pero reserva al Estado la posibilidad de intervenir para controlar el mercado o para tratar de lograr los objetivos sociales no garantizados por el accionar del mercado mediante prudentes políticas monetarias o fiscales. Éste es el sistema, compatible con la democracia, adoptado por casi todos los países del mundo, con características particulares que los diferencian según el grado de in-

---

///...

4. **Unión económica.** Se establecen políticas macroeconómicas y sociales comunes y una moneda única para los países integrantes de la unión. Esto supone no sólo una completa integración económica ni monetaria, sino también una total identificación de todas las partes en el manejo de los aspectos económicos, sociales y políticos.

tervención del Estado o la medida de la apertura del mercado elegido por cada gobierno.

Para que este sistema funcione correctamente, requiere instituciones sólidas y respetadas, una justicia eficiente y una opinión pública vigilante y responsable. Así sucede en los principales países del mundo aunque sus gobiernos respondan a corrientes políticas diferentes, la alternancia en el poder de gobiernos socialistas, laboristas o conservadores no produce cambios traumáticos que afecten a la actividad económica.

Capítulo II

La economía argentina

Breve reseña histórica

Más allá de su trascendencia política, la Revolución de Mayo de 1810 también significó un importante aporte a las ideas económicas. Varios de los inspiradores de las jornadas de mayo estuvieron en Europa y vinieron a estas tierras educados con los principios de libertad individual sustentados por el Iluminismo en boga y las ideas de libertad económica propulsadas por los clásicos ingleses y franceses.

Los primeros gobernantes del país se propusieron imponer los principios de igualdad, respeto de la ley, la defensa de la propiedad privada, el respeto de las instituciones, los derechos para los inmigrantes y promover la enseñanza. Fue la prédica de MARIANO MORENO desde su *Representación de los hacendados y ganaderos*, del vehemente DOMINGO FAUSTINO SARMIENTO desde la tribuna o desde el gobierno, de JUAN BAUTISTA ALBERDI desde sus *Bases*, principios que quedaron plasmados en la Constitución de 1853 y ayudaron al progreso del país.

En sus inicios, la Argentina era un país pequeño dentro de América Latina y uno de los más pobres de la tierra. No fue fácil el camino en los años siguientes; las luchas internas, las pestes todavía no controladas y los conflictos con países vecinos, condujeron a profundas crisis con un exceso de endeudamiento externo. Hacia 1885, se trata de evitar la salida de reservas suspendiendo la convertibilidad de la moneda (el peso con el oro) y se pasa a un tipo de cambio libre con flotación controlada (flotación sucia) que acentuó la pérdida de reservas y produjo un alza del tipo de cambio que hizo difícil pagar la deuda externa. La crisis que sobrevino llevó en 1890 a la liquidación de los dos bancos oficiales, el Banco de la Provincia de Buenos Aires y el Banco Nacional.

Simultáneamente se tomaron medidas que alentaron la recuperación y el crédito externo, se bajó el gasto público, se pagaron los compromisos con el exterior (un arreglo con bancos ingleses permitió postergar los pagos de las deudas de corto plazo). Además, como explica ROBERTO CORTÉS CONDE ([1]), con la red ferroviaria extendida una década antes, gracias a las inversiones y la entrada de capitales, se pudieron incrementar las exportaciones (las de trigo se decuplicaron entre 1888 y 1893), lo que se tradujo en un aumento de la recaudación que permitió reducir el costo de la deuda.

Las políticas económicas privilegiaron el crecimiento, la educación ([2]), la inmigración y alentaron las inversiones externas que ayudaron a revertir esa situación. Quizá la más importante fue la construcción de los ferrocarriles que se inició a fines del siglo XIX, y continuó en la primera década del XX. Los ferrocarriles integraron al país. No sólo recorrieron la región cerealera pampeana, sino que llegaron hasta el norte (Tucumán, Salta, Jujuy) y la zona cuyana. A su paso se crearon nuevos pueblos, hoy importantes ciudades, que constituyeron un gran motor del desarrollo argentino, promoviendo el crecimiento de la producción agrícola que de 2.500.000 hectáreas cultivadas en 1888 se pasó a 24.000.000 en 1914. La mayor parte de esa producción era trasladada por ferrocarril, que todavía no tenía la competencia del camión, como ocurrió más tarde.

La tasa de crecimiento per cápita del país entre 1870 y 1914 alcanzó un promedio del 4 % anual, crecimiento que no volvió a repetirse para un período tan extenso. A ello hay que agregar que en ese mismo tiempo se produjo la mayor inmigración de la historia argentina (hacia 1910 el 30 % de la población era de origen extranjero), lo

---

(1) CORTÉS CONDE, ROBERTO, *La economía argentina en el largo plazo*, Editorial Sudamericana, 1997.

(2) DOMINGO FAUSTINO SARMIENTO bregó por la educación primaria pública, que entonces estaba en manos de los sacerdotes, y fue propulsor de la ley 1.420 de educación primaria, laica y obligatoria que se sancionó en 1884. SARMIENTO propició la libertad de cultos, la división de poderes y las libertades económicas; así, con coraje y espíritu combativo, ayudó a cambiar al país tomando como modelo los países más exitosos, posición que le valió algunas críticas de su época.

que resalta el valor de aquella tasa por habitante ([3]). En 1908, la Argentina aparecía en el séptimo lugar mundial por su producto por habitante, superando a Holanda, Dinamarca, Canadá, Austria, Francia, Suecia, Japón, Italia y España. El producto per cápita equivalía a más del 80 % del norteamericano.

A pesar de sus crisis, en cien años el país había crecido. Para 1910, la Argentina tenía el 50 % del producto bruto de América Latina. Era la décima economía del mundo y tenía el 7 % del comercio mundial. Lucía como uno de los países más ricos del mundo desarrollado.

¿Cuáles fueron las causas de ese crecimiento? Sus gobernantes supieron aprovechar las condiciones externas de libre comercio para desarrollar una economía agroexportadora. El comercio internacional no tenía las trabas que aparecieron más tarde y se podía colocar sin inconvenientes la producción agrícola y ganadera. No sólo se incorporó el factor tierra, sino que se introdujeron modificaciones en las explotaciones, lo que produjo un aumento de la productividad. La construcción del ferrocarril con su extensa red en todo el país mejoró el transporte de carga y posibilitó la comercialización interna y externa. La explotación de los recursos naturales impulsó la manufactura, especialmente de productos alimenticios, por ese motivo el crecimiento del producto industrial en el período no fue muy diferente del agrícola.

Un largo proceso de decadencia

Con la Primera Guerra Mundial y sus consecuencias en los años siguientes, se redujeron los insumos importados necesarios para la industria y el agro, y se frenó la inversión proveniente del exterior. CORTÉS CONDE explica que esta primera crisis del siglo XX que se extiende de 1914 a 1917 se explica por la carencia de insumos importados porque los países industrializados se dedicaron a la producción

---

(3) "Este crecimiento del producto fue acompañado de una mejora en las condiciones sociales de la población. Los salarios reales de los obreros no calificados, sin antigüedad, aumentaron un 30 % en el mismo período, siendo mayor el aumento para las categorías con calificación y antigüedad". ROBERTO CORTÉS CONDE.

de armamento para la guerra. La reducción de importaciones provocó una baja de los recursos fiscales ya que la recaudación dependía del impuesto a las importaciones. La recuperación fue rápida porque no se había afectado la situación financiera, ni monetaria, ni el crédito externo.

En 1930, como consecuencia de la crisis en la economía mundial, se redujo el comercio internacional y con ello los ingresos del Estado. Esto obligó a cerrar la Caja de Conversión, dejando nuevamente sin efecto la convertibilidad peso-oro. La ausencia de expectativas inflacionarias en el público, debido a la estabilidad de los años anteriores, sirvió para que la gente no se volcara a la compra de divisas extranjeras y mantuviera los pesos a pesar de las políticas fiscales y monetarias expansionistas. La crisis de los años treinta y el proteccionismo aplicado por los principales compradores de la Argentina repercutieron en el país, pero, como siempre, los factores internos tuvieron más responsabilidad que los externos en la prolongación de la crisis. Es de destacar que todavía, en 1930, la Argentina era un país pujante. Su producto bruto duplicaba el de México y era 30 % superior al de Brasil (hoy el de cada uno de esos países casi triplica el de la Argentina).

Desde la década del treinta, las autoridades económicas que se sucedieron pusieron énfasis en evitar que las crisis del exterior repercutieran en la economía interna. La paradoja es que a partir de entonces la ineficiencia local y el aislamiento que se logró del exterior fueron responsables de la falta de crecimiento.

Se trató de dinamizar la demanda interna con aumento del gasto público. Las regulaciones y reglamentaciones de todas las actividades desplazaron a la empresa privada y creció el Estado como productor de bienes y servicios (⁴). En la década del cuarenta se estatizaron los servicios públicos (electricidad, agua corriente, teléfonos, gas, ferrocarriles, transporte automotor y el comercio exterior); se congelaron los alquileres y se establecieron subsidios a distintas actividades y empresas. Si bien la mayor presencia estatal respondía a una ten-

---

(4) Se cita como ejemplo, por su incidencia en el comercio nacional, los organismos creados para fomentar y regular la producción y el comercio de granos, como la Junta Reguladora de Granos y el Instituto Nacional de Granos y Elevadores, que dieron lugar más tarde a la Junta Nacional de Granos. Estos organismos en lugar de cumplir con su finalidad se convirtieron en pesadas administraciones burocráticas que contribuyeron al estancamiento de la producción granaria. Una vez eliminados la cosecha de granos creció casi un 80 % en pocos años.

dencia generalizada en el mundo en esos años, aquí no tuvo los efectos multiplicadores de la actividad como ocurrió en los EE.UU. después de aplicarse las políticas keynesianas. Cabe recordar que JOHN KEYNES propuso las medidas de expansión del gasto como un instrumento de política contracíclica: aumentar la demanda en momentos de crisis para volver a contraerla en tiempos de crecimiento; algunos gobernantes mostraron interés por la primera parte, pero olvidaron volver a la prudencia monetaria o fiscal cuando se recuperó la economía. Es mucho más fácil aumentar la demanda con una expansión monetaria o un aumento del gasto público, que lograr el equilibrio cuando se disparó la inflación.

En la Argentina, la ineficiencia de los servicios explotados por el Estado significó un importante sobrecosto para la actividad privada y para los usuarios en general. Una economía fuertemente cerrada (por prohibiciones, altos aranceles, controles de cambio, etc.) impulsó una industria sustitutiva de importaciones en la segunda mitad de la década del cuarenta y primeros años de la del cincuenta, que tuvo al principio un desarrollo satisfactorio para abastecer una demanda que estaba creciendo debido a las políticas expansionistas aplicadas y al aumento en la población urbana por la migración interna hacia Buenos Aires y sus alrededores de gente del interior del país en busca de mejores condiciones de vida.

Pero esta industrialización tuvo sus límites en las mismas razones de su origen. Los prohibitivos aranceles a la importación impidieron la entrada de bienes de capital y por lo tanto la incorporación de tecnología. Así nació una industria que sólo pudo sostenerse por la alta protección que tuvo en sus orígenes y que se mantuvo en las tres décadas siguientes.

La expansión de la demanda promovida a partir de 1946 trajo un período de prosperidad que duró hasta 1951 cuando comenzaron a sentirse los efectos del mayor gasto y de la inflación, la cual neutralizó los aumentos salariales masivos que se establecían por decreto del gobierno. Los precios seguían subiendo a pesar de los "precios máximos" fijados para muchos productos de primera necesidad y de la "campaña contra el agio y la especulación" con severas penas que llegaban a la clausura del negocio y la prisión del comerciante. La inflación afectó la competitividad de la industria que no pudo colocarse en los mercados del exterior, y ello agregado a malas cosechas de cereales por una extensa sequía produjo déficit en la balanza de pagos, lo cual fue otro motivo de preocupación para el gobierno. La profundización de la crisis obligó a cambiar el plan económico en 1952 buscando "propiciar una conciencia popular de austeridad en los consumos, fomento del ahorro y aumento de la productividad general" ([5]).

La segunda mitad del siglo XX

A partir de 1950, los crecientes déficit fiscales originados en la expansión del gasto público comenzaron a ser financiados con emisión monetaria. Así empiezan las crisis que caracterizarían esta segunda parte del siglo XX que algunos autores denominan "stop and go" o "pare-siga" en alusión a estos ciclos que comenzaron con el auge de las políticas expansionistas (aumento del gasto o de la emisión monetaria) siguen con una progresiva depreciación monetaria producida por la inflación, que al poco tiempo obliga al aumento del tipo de cambio (devaluación). Todo dentro de una economía cerrada, con muy altos aranceles y controles de cambio.

El período 1950-1990 fue uno de los de más bajo crecimiento. En esos años se sucedieron los golpes militares, alternados con algunos gobiernos civiles con escaso poder real y poco liderazgo, posiblemente consecuencia del limitado ejercicio de la democracia durante parte del siglo XX ([6]). En general faltó visión para comprender los cambios al que el contexto mundial obligaba. Las ventajas naturales estaban perdiendo ventaja relativa y el crecimiento dependía de otros parámetros: la innovación tecnológica, la productividad y la competitividad. En este país, con un mercado cerrado, eran otros los valores que prevalecían.

Mientras tanto, siguió aumentando el gasto público, con empresas altamente deficitarias e ineficientes por la falta de inversión y el Estado dejó de hacer gastos que eran necesarios para el crecimiento, como inversiones en infraestructura o en ciencia y en tecnología. El déficit fiscal obligaba a aumentar la emisión de moneda y la inflación crecía en igual proporción. El deterioro de los salarios reales, por el aumento de los precios, era periódicamente compensado por aumen-

---

(5) Cafiero, Antonio E., designado ministro de economía en 1952. Cita de Hugo Gambini en su libro *Historia del peronismo*.

(6) En los cincuenta y cinco años que corren entre 1930 y 1985, veintitrés años fueron gobernados por procesos militares.

tos de salarios nominales que las empresas otorgaban fácilmente porque los trasladaban a los precios y de esa forma se diluían por la inflación. El producto industrial muestra una paralización frente al crecimiento del resto de los países del mundo, incluso los latinoamericanos. El bajo crecimiento industrial fue producto de la falta de inversiones por una economía cerrada, con continuas devaluaciones y alta inflación. Las exportaciones tampoco crecieron en el período por la imposibilidad de competir en el exterior. A principios de la década del ochenta de agrega un nuevo factor de peligro: el crecimiento del endeudamiento externo, durante el último gobierno militar, que de u$s 12.500 millones de deuda pública y privada en 1978 salta a u$s 40.700 millones en 1982.

La continua emisión de moneda, la caída de las exportaciones y la ausencia de crecimiento de la actividad producía la depreciación de la moneda, obligando a la modificación del tipo de cambio (devaluación) y con ello se generaba un nuevo impulso a la inflación. Esta situación fue recurrente en la segunda mitad del siglo XX, pero cada vez con mayor inflación y con menor actividad económica hasta terminar en la hiperinflación de 1989 y 1990 ([7]).

Para los gobiernos nacionales la devaluación fue una salida de menor costo político que la reducción del gasto que siempre afecta intereses, a veces muy enquistados en el aparato estatal. La devaluación, en cambio, por medio de la inflación que siempre provoca por el encarecimiento de las importaciones, disminuye los salarios reales, baja los costos e indirectamente reduce el gasto público. Para esto se contó con la aprobación del FMI, cuyas recetas muchas veces se dirigieron a cerrar el déficit fiscal sin castigar el gasto improductivo o a proponer devaluaciones como solución para recuperar una moneda que se licuaba por la descontrolada emisión sin respaldo. Salvo en pocas excepciones, los gobiernos del país no se preocuparon demasiado por el desarrollo y la creación de riqueza. Se intentaron innumerables políticas de distribución de los ingresos (con planes sociales, distribución de ropas y alimentos, salarios mínimos, sueldos establecidos oficialmente, tarifas de servicios públicos diferenciadas, asistencia sanitaria y médica gratuita, rebajas o beneficios impositivos, sub-

---

(7) En los años 1962-1963 el producto bajó 4 %, en 1981-1982 se redujo 8,4 % y en 1998-1999 la caída fue del 10,4 %.

sidios, etc.), pero no se advirtió que la riqueza a distribuir era cada vez menor ([8]).

El proceso militar no sólo condujo al país a una guerra perdida, sino que terminó, en 1983, con alta inflación, elevada deuda externa y problemas en el sector productivo. El gobierno constitucional que lo reemplazó no pudo evitar, al año siguiente, una inflación del 600 % que consiguió dominar más tarde con un plan económico y controles de precios; sin embargo, el déficit fiscal siguió creciendo y con ello la depreciación de la moneda que obligó a elevar el tipo de cambio. Pocos meses después, en julio de 1989 el aumento de precios llegó al 200 % en el mes; el país estaba en un proceso hiperinflacionario ([9]), con un nuevo presidente electo que asumió poco después.

La década de los noventa

La inflación recién se pudo controlar después de una controvertida medida (el Plan Bonex) que afectó a los ahorristas con plazos fijos de corto plazo ([10]) y una negociación de la deuda externa (Plan Brady) que alivió la presión de los vencimientos inmediatos aunque significó un aumento de los intereses que se debieron pagar en el resto de la década. Estas medidas permitieron, en abril de 1991, dictar la Ley de Convertibilidad, que aseguró la estabilidad monetaria durante más de diez años.

---

(8) El economista RUDIGER DORNBUSCH describió así a la Argentina del último medio siglo: "el ingreso per cápita se estancó, la inflación aumentó; los periódicos intentos, no muy resueltos, para lograr la estabilidad e introducir reformas cedieron frente a las entusiastas medidas tendientes a nacionalizar la producción y emitir más dinero. Hubo fuga de capitales. Al poco tiempo los argentinos pagaban sus impuestos al estilo italiano —casi nunca— y crearon sindicatos al estilo británico —en un grado extremo—. En 1980, apenas unas 3.000 personas pagaban los impuestos sobre los ingresos y la gran pregunta era por qué tantos lo hacían. Los sindicatos dividían su tiempo entre el trabajo y las huelgas. La hiperinflación fue inevitablemente la última escala de ese proceso en franca extenuación".

(9) El call money a 7 días superaba el 100 % de interés. Los bancos ofrecían, en plazos fijos, deslumbrantes tasas de interés que a los pocos días se tornaban negativas.

(10) El Plan Bonex cambió compulsivamente los depósitos en plazos fijos en dólares por títulos del Estado a 10 años en la misma moneda.

Los cambios económicos en los primeros años de los noventa fueron acompañados por un importante crecimiento del producto que nuevamente se agotó antes de finalizar la década ([11]). Resulta importante su análisis para sacar algunas conclusiones.

La apertura de la economía (que se había iniciado en el mundo varios años antes) produjo una actualización tecnológica que corrigió muy parcialmente el atraso de las décadas anteriores debido al encarecimiento de los bienes de capital, pero también trajo perjuicios para las empresas más pequeñas, que no pudieron reconvertirse y sufrieron la competencia del exterior. Los problemas del desempleo en esta época serán tratados, dentro de los problemas sociales, en el capítulo VI.

La actividad industrial creció cerca del 50 % hasta 1998 con un importante aumento en las inversiones. Pero este comportamiento no fue parejo para toda la industria, destacándose entre los que más crecieron los sectores vinculados con las privatizaciones como petróleo, petroquímica, electricidad, telefonía, gas, transporte y las industrias capital intensivas que pudieron adquirir equipos y máquinas relativamente más baratos; también crecieron todas las manufacturas vinculadas a la elaboración de productos agropecuarios y la construcción. Dentro de las actividades que no crecieron y bajaron su producción en el período se cuentan aquellas que habían surgido de procesos de sustitución de importaciones y no pudieron hacer frente a la competencia en precios o en calidad. Algunas de estas empresas en un mercado cerrado no tuvieron interés en realizar las inversiones necesarias para alcanzar la tecnología que hiciera competitivos a sus productos; cuando —obligados por la apertura— intentaron una conversión, no pudieron hacerla por falta de financiamiento o un crédito demasiado caro para las pequeñas empresas.

La necesidad de reconversión de los sectores productivos también alcanzó a los establecimientos agropecuarios que habían desarrollado una agricultura extensiva con muy escasa tecnología, volcándose a los cultivos o al ganado según la evolución del precio relativo cereal-carne en los mercados internacionales. Al tener que mejorar la productividad, con el dólar a un peso, y aprovechando el abaratamiento

---

(11) Entre 1990 y 2000 el producto aumentó más del 50 %, pero deben diferenciarse dos etapas. Una de crecimiento, hasta 1998, donde el PBI había aumentado por arriba del 65 %, y a partir de allí, la recesión más prolongada de la historia.

relativo de los insumos importados, el sector aumentó las inversiones en fertilizantes, agroquímicos y equipos. Quienes no lo hicieron (por no disponer de capital ni de crédito) no pudieron subsistir por falta de competitividad. Entre 1988 y 2002, fechas de los últimos censos nacionales agropecuarios, la superficie explotada aumentó cerca de 30 %, pero la cantidad de establecimientos rurales se redujo en más del 24 %.

El país atrajo capitales del exterior seducidos por la estabilidad monetaria y cambiaria conseguida con la Ley de Convertibilidad, por la desregulación de actividades antes fuertemente controladas por el Estado y por la importante oferta de privatizaciones. Sin embargo, no se avanzó demasiado en la modernización del Estado y el gasto público siguió creciendo, a pesar de las empresas privatizadas. El déficit fiscal, que no podía ser cubierto por emisión de moneda como había sucedido en las décadas anteriores, comenzó a financiarse con deuda pública a través de la emisión de títulos públicos colocados en el país y en el exterior. Históricamente los gobiernos contraían deuda por préstamos otorgados por los organismos internacionales o bancos del exterior. La nueva deuda, en cambio, tenía al final de la década una composición diferente, como se aprecia en el cuadro 1.

	Al 31/12/99	Porcentaje sobre deuda total
Bonos y títulos públicos	89.978	73,8 %
Multilateral BID	7.208	5,9 %
BIRF	8.596	7,0 %
FMI	4.472	3,7 %
Otros	36	0,0 %
Bilateral (Club de París, etc.)	5.918	4,9 %
Otros acreedores	5.670	4,7 %
Deuda pública total	121.878	100,0 %
Fuente: Ministerio de Economía.		

Cuadro 1. Deuda total del sector público (en millones de pesos).

La paralización del crecimiento hacia fines de la década tiene varios motivos. Nuevamente influyeron causas externas como la crisis de los países asiáticos que disminuyó la demanda mundial de *commodities* en 1997 y el default de la deuda rusa en 1998 y la finalización del ciclo de abundancia de capitales en busca de los mejores rendimientos, pero fundamentalmente se debe buscar responsabilidad en las causas internas, en especial, en la paralización de las reformas económicas iniciadas al principio del período y en la incertidumbre de la gente y los inversores frente a una administración cuestionada éticamente y poco decidida a continuar con la modernización del Estado y sus instituciones. Las ambiciones políticas hicieron buscar consensos para reformas legislativas y constitucionales que no tuvieron en cuenta las consecuencias en la sociedad; las expectativas de la gente, nuevamente desilusionada, frenaron el consumo y la inversión.

Los primeros años del siglo XXI

En 2000 y 2001 se agravó la recesión productiva que se había iniciado a fines de 1998. El país mantenía una firme estabilidad de precios, un sistema financiero todavía solvente y las estadísticas mostraban el aumento de las exportaciones a pesar de la baja de la producción, pero una importante crisis política en el nuevo gobierno complicó el desenvolvimiento de la economía; en estos dos años las expectativas de empeoramiento de la situación redujeron el consumo y paralizaron la inversión y la llegada de capitales del exterior. La reducción de la recaudación impositiva, por la caída de la actividad y por la mayor evasión, acrecentó el déficit fiscal financiado por la emisión de títulos públicos que encarecieron el crédito interno dificultando aún más a la actividad privada. Pero esta emisión ya llegaba a sus límites y su colocación en el exterior sólo era posible pagando altísimas tasas de interés; el crédito externo queda así vedado para el sector público y también para las empresas privadas. Hacia fines de 2001 habían salido del sistema más del 20 % de los depósitos bancarios y se habían perdido el 40 % de las reservas internacionales.

Este panorama generó una fuerte incertidumbre sobre las posibilidades del Estado de hacer frente a sus compromisos; el temor al default aisló al país del mundo, agravando aún más la delicada situación económica y obligando al gobierno el 1° de diciembre, pocos días antes de su renuncia anticipada, a tomar extremas medidas como una obligada bancarización y una importante limitación a la extracción de dinero de los bancos.

A fines de 2001, otro gobierno —que surgió de desempolvados artilugios legislativos— declara la cesación de pagos, la cual afectó a los tenedores de títulos públicos del país y del exterior quienes, como se vio, representaban el 74 % de la deuda pública total. Unos días después asumía un nuevo gobierno que el 6 de enero de 2002 dispuso el fin de la Ley de Convertibilidad y una pesificación asimétrica que, necesaria o no, desató enormes conflictos internos y afectó, nuevamente, el principio de propiedad al no respetar la moneda de los depósitos mayoritariamente constituidos en dólares. Las consecuencias de esta situación se analizarán más adelante.

Lejos quedaron aquellas comparaciones con otros países donde la Argentina lucía en las primeras posiciones. Para el año 2002, el país aparecía entre los más atrasados del mundo ([12]), y la desocupación, la pobreza y la indigencia habían alcanzado límites alarmantes e insospechados. La lenta recuperación posterior no alcanza a revertir esa situación.

---

(12) En el ranking elaborado en 2002 por el Foro Económico Mundial, con sede en Suiza, la Argentina aparece en la posición 63 después de Panamá, República Dominicana, Perú, Colombia y El Salvador, entre otros. El ranking toma en cuenta tres rubros principales: ambiente macroeconómico, estabilidad y calidad de las instituciones y posesión de tecnología para los sistemas productivos.

Capítulo III

Las cuentas de la macroeconomía

Oferta y demanda

La economía de un país se puede imaginar como una balanza de dos platillos. En uno de ellos tenemos todos los recursos que tiene el país, y en el otro, la forma en que se usan o se gastan esos recursos. Los recursos son todas las mercaderías y servicios disponibles producidos en el país, es decir, el producto bruto interno, más todos los productos que se importan; todos ellos forman el conjunto de los bienes que los habitantes del país tienen disponibles para su uso. A esto se lo llama la **oferta global** del país.

¿Y cuáles son los usos? Los bienes producidos en el país, más las importaciones, pueden ser usados o "gastados" en consumo (consumo privado y el gasto público), en inversión y otra parte se destinará a la exportación. Esto es la llamada **demanda global**.

Por lo tanto, se presentan cinco componentes fundamentales de la ecuación económica para investigar: el producto bruto interno (PBI) y las importaciones dentro de la oferta global; y el consumo, la inversión y las exportaciones dentro de la demanda global.

PBI + IMPORTACIONES ←→ CONSUMO + INVERSIÓN + EXPORTACIONES

Producto bruto interno

Los datos correspondientes a estas cuentas son elaborados trimestralmente y su publicación tiene difusión aún por los medios no especializados. Generalmente se publican las variaciones porcentuales con respecto al mismo período anterior: un año respecto del año anterior o un trimestre comparado con el mismo trimestre del año anterior ([1]).

El producto bruto interno, el componente más importante de esa ecuación, es la suma del valor agregado por cada uno de los sectores productivos. Es la valuación de todo lo que produjo el país dentro de sus fronteras en un período determinado. Se calcula por la suma de los valores agregados por todas las empresas o unidades productoras en un determinado período; el "valor agregado" es justamente el valor adicionado por cada empresa sin incluir los bienes intermedios que produjeron otras unidades (por ejemplo, una panadería para producir el pan compra harina y otros insumos que no forman parte de su valor agregado). Otra forma de calcular el producto es a través de la suma de las retribuciones que reciben los factores de la producción: salarios, rentas, beneficios o ganancias e intereses; son las remuneraciones de quienes intervinieron en el proceso productivo como empleados o dueños, o como inquilinos o propietarios, incluyendo también los impuestos indirectos que percibe el Estado (en el ejemplo de la panadería, sería la suma de los salarios pagados a los obreros, los alquileres abonados por la propiedad, intereses del capital, los bene-

---

(1) Como referencia se detallan los componentes de la oferta y la demanda global para 2001; cifras en millones de pesos a precios de 1993 (año base):

Oferta global		
PBI a precios de mercado		263.997
Importaciones	29.659	
Demanda global		
Consumo (*)	219.777	
Inversión bruta interna fija	41.750	
Exportaciones	32.129	

(*) Consumo privado más público. Incluye variación de existencias y discrepancias estadísticas.

Fuente: Banco Central de la República Argentina.

ficios empresarios e impuestos sobre las ventas). El ingreso así derivado es igual al producto calculado por los valores agregados.

El PBI puede estar expresado "a precios de mercado", que es tal como se consigue el producto en el mercado (por esa razón también se denomina "a precios de comprador"), o "a costo de factores", que excluye los impuestos que recaen sobre los productos (IVA, ingresos brutos), también suele denominarse "a precios de productor" o a precios básicos.

A su vez, los datos del producto pueden encontrase "a precios corrientes", es decir a los precios del año que se considera o "a precios del año base", en este caso los valores del producto están expresados con los precios de un año tomado como base y de esta forma se puede comparar las variaciones reales del producto sin la distorsión que significa el aumento de precios, la inflación, entre los años que se están comparando.

Desde junio de 1999 el INDEC utiliza a 1993 como año base (el anterior era 1986, como todavía se observa en alguna estadística antigua) y recalculó toda la serie de datos de años anteriores con la misma base. En esa oportunidad también actualizaron la metodología de cálculo utilizando una nueva clasificación internacional de actividades y se incluyeron productos o consumos que no estaban previstos en 1986 (telefonía celular, TV por cable, servicios de computación, medicina prepaga, fondos de jubilaciones privados, etc). Con el nuevo cálculo el producto de 1998 que se estimaba en 335.000 millones de pesos se redujo a 298.000 millones. Es útil tener esto en cuenta cuando se comparan variables expresadas como porcentaje del PBI [2].

Pero al momento de analizar las cifras del producto más que su valor absoluto interesa conocer la variación con respecto al período anterior y su comportamiento a través del tiempo. El INDEC publica trimestralmente su informe sobre el nivel de actividad en el país con la estimación del producto bruto interno a valores corrientes y a precios de 1993, y sus variaciones porcentuales. Debe destacarse que

---

[2] La metodología de cálculo y las principales definiciones de los conceptos utilizados en el sistema de cuentas nacionales pueden consultarse por internet en el sitio **www.mecon.gov.ar/ctas-nac**.

siempre que se comparan años diferentes tienen que utilizarse las series con valores referidos al año base ([3]).

En el cuadro 1 se detallan los componentes de la oferta y la demanda en 1993 (el año base), en 1998 (el año de mayor crecimiento del producto) y en 2000 y 2002, indicándose en cada caso la participación relativa de cada componente con respecto al PBI. En el cuadro 2 se indica el comportamiento respecto del año anterior.

	1993	(*)	1998	(*)	2000	(*)	2002	(*)
Oferta global	258.533		327.027		310.639		250.048	
PBI a prec.								
de merc.	236.505	100 %	288.123	100 %	276.173	100 %	235.236	100 %
Importaciones	22.028	9,3 %	38.904	13,5 %	34.466	12,5 %	14.812	6,3 %
Demanda global	258.533		327.027		310.639		250.048	
Consumo (1)	195.629	82,7 %	232.807	80,8 %	228.715	82,8 %	189.087	80,4 %
Inversión (2)	45.069	19,0 %	60.781	21,1 %	49.502	17,9 %	26.533	11,3 %
Exportaciones	16.341	6,9 %	30.837	10,7 %	31.272	11,3 %	33.123	14,1 %
Variac. exist. (3)	1.494		2.602		1.150		1.305	

(*) Esta columna muestra la participación relativa de cada componente con respecto al PBI. La suma de los porcentajes de la demanda superan el 100 % porque muestra el destino del producto más las importaciones.
(1) Consumo privado y público.
(2) Inversión bruta interna fija (construcción más equipo durable de producción).
(3) Variación de existencias (stock). Incluye "discrepancia estadística".
Fuente: Dirección Nacional de Cuentas Nacionales.
Año 2002. INDEC. Informe de avance de nivel de actividad del 19/9/03.

Cuadro 1. Oferta y demanda globales por componente a precios de comprador (millones de pesos a precios de 1993).

---

(3) Desde octubre de 2002 el INDEC (Instituto Nacional de Estadística y Censos) publica el "Indicador Mensual de Actividad Económica" que muestra la evolución de la producción en el sector industrial y en el de servicios. Este nuevo indicador, que tiene menor información que el PBI trimestral, recoge los datos de la industria manufacturera, las actividades inmobiliarias, comercio mayorista y minorista, transporte e intermediación financiera.

	2000/1999	2001/2000	2002/2001
PBI a precios de mercado	- 0,8	- 4,5	- 10,9
Importaciones	- 0,2	- 14,0	- 49,7
Consumo	- 0,5	- 5,2	- 12,9
Inversión bruta int.	- 6,9	- 15,9	- 36,1
Exportaciones (*)	+ 2,7	+ 2,9	+ 3,2

Observar la relación entre baja del producto y caída de la inversión y las importaciones.
(*) Las exportaciones de 2002 están valuadas en pesos. Ver cuadros 8 y 9 en dólares.
Fuente: Dirección Nacional de Cuentas Nacionales.

Cuadro 2. Oferta y demanda globales (Variaciones porcentuales anuales).

Conocer la variación del producto en un período no es suficiente, si no se sabe cuáles fueron los sectores productivos responsables de esa variación. Son diferentes los efectos en la economía de un aumento impulsado por una mayor producción agrícola o por un aumento del sector industrial o de los servicios.

También es útil conocer la participación de cada sector en el producto bruto interno total. En promedio, el sector agropecuario representa entre el 6 y el 7 % del PBI, el sector industrial está por debajo del 20 %, y el sector servicio más comercio supera al 60 % del PBI, con un significativo aumento con respecto a treinta años atrás.

El sector agropecuario fue perdiendo participación relativa (en 1970 representaba el 15 % del total) aunque mantiene su importancia fundamental como proveedor de divisas, ya que más del 60 % de las exportaciones argentinas son de origen agropecuario (materias primas o manufacturas de origen agrícola-ganadero). Esta baja participación de la actividad primaria esconde la real dimensión del sector que se aprecia cuando se agregan las actividades conexas como la agroindustria y los servicios directamente vinculados al sector agropecuario (con ese conjunto de actividades la participación trepa al 20 % del producto). El sector servicios es el que está creciendo a expensas del sector agropecuario y de la industria; en los países avanzados se redujo el porcentaje de la industria sobre la producción total y creció el sector servicios aumentando los puestos de trabajo, situación que ya se nota en la Argentina con una participación en el empleo superior al 60 %. Sin embargo, debe destacarse una diferencia: en los países muy desarrollados, como los EE.UU., Canadá, Reino Unido, Australia, Suecia y los Países Bajos, donde el 70 % de la población activa está empleada en el sector servicios, el proceso de terciarización está originado en el aumento de los servicios para la producción o para la empresa (informática, asesoría legal o fiscal, capacitación y selección de personal, dirección y control, investigación, comercialización, publicidad, etc.). En el país todavía hay una buena parte de los servicios que son de baja productividad y requieren poca calificación de la mano de obra (comercio minorista, servicios personales y administración pública).

Al analizar las cifras del producto en el último siglo es fácil apreciar las muy bajas tasas de crecimiento y el acortamiento de los períodos con aumentos sostenidos. En las dos últimas décadas hay una caída de la producción en la primera y una fuerte recuperación en la segunda, pero conviene estudiar el comportamiento del producto en ese período.

1980	1990	2000
207.000	184.600	276.173

Cuadro 3. PBI a precios de mercado, a precios de 1993
(en millones de pesos).

El gráfico 1 muestra la evolución del producto bruto interno en algo más de dos décadas. En la primera década, entre 1980 y 1989, la producción se redujo en alrededor del 10 %, un período que se inicia con un gobierno militar y la Guerra de Malvinas en 1982, sigue con frecuente inestabilidad económica y termina con hiperinflación. El comportamiento del producto que creció más del 50 % entre 1990 y 2000, merece un análisis más detenido, y se muestra con más detalle en el gráfico 2.

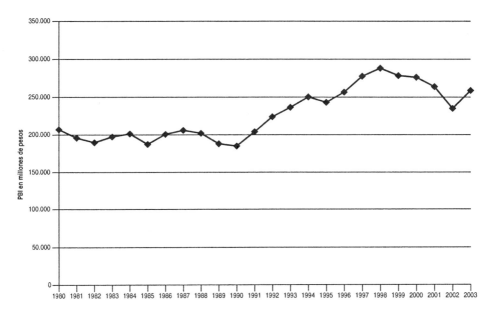

Gráfico 1. Evolución del PBI en dos décadas.

Se pueden diferenciar dos etapas. Una primera, entre 1990 y 1994, en la que el aumento del PBI alcanzó al 35 %, un notable crecimiento motorizado por el consumo interno que tuvo un significativo aumento después de los procesos de hiperinflación al reactivarse los consumos postergados y el crédito bancario para electrodomésticos y otros préstamos personales. También ayudó al aumento del producto el ingreso de capitales del exterior favorecidos por las condiciones internas (estabilidad monetaria) y las externas (baja tasa de interés en los EE.UU.). Este crecimiento se interrumpe en 1995 como consecuencia de una crisis externa (el llamado "efecto tequila" en alusión a la crisis mexicana) y debilidades internas. Pero la economía se recuperó rápidamente en los tres años siguientes alcanzando el producto interno bruto la cifra récord de 288.000 millones de pesos en 1998. A partir de aquí comienza la paralización del crecimiento y una prolongada y profunda crisis que se analizará más adelante.

En 2003 el producto bruto interno tuvo una variación positiva del 8,7 % respecto del deprimido año anterior, alcanzando los 255.751 millones de pesos (según estimaciones del INDEC en su informe del avance del nivel de actividad del 17/3/04).

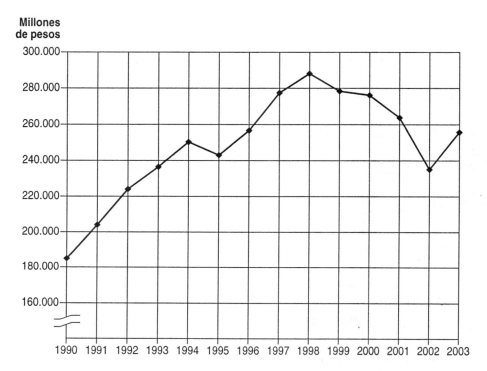

Gráfico 2. Evolución del producto interno bruto entre 1990 y 2003.

Importaciones

Las importaciones son el otro componente de la oferta global y representan alrededor del 10 % del PBI, aunque tienen una importancia fundamental para las actividades productivas. Hay una relación directa entre las variaciones del producto y las variaciones de igual signo de las importaciones: cuando aumenta el producto, se incrementan las importaciones, y cuando el producto es menor, simultáneamente bajan las importaciones. Esto se debe a que gran parte de las actividades necesitan insumos importados, ya sea como materias primas, productos intermedios o bienes de capital.

Las series estadísticas muestran la disminución de las importaciones a través de los años, y ello coincide con la paralización del crecimiento del país, con la caída de las inversiones y paralelamente la reducción de las exportaciones. En los primeros años del siglo pasado las importaciones representaban más del 40 % del producto, bajaron al 30 % en la década del treinta, hasta llegar al 12 % en 1950. En los cincuenta años siguientes, se mantuvieron en general por debajo de este porcentaje.

Bajas importaciones muestran una economía cerrada, con escasas inversiones del exterior y baja incorporación de tecnología. Entre el 70 y el 80 % de las importaciones argentinas son bienes intermedios, bienes de capital y combustibles y lubricantes para la industria. Los bienes de consumo importados, aun en momentos de mayor apertura, no superaron el 20 % del total de las importaciones. Por supuesto que todo esto se refiere a los productos que entran al país por la vía legal, debidamente registrados y pagados los aranceles correspondientes. No se puede cuantificar el contrabando de mercaderías, un delito que origina graves perjuicios económicos, donde las responsabilidades del Estado para su control son indelegables.

En el cuadro 4 se puede observar el comportamiento de las importaciones en 1990 y 1998, cuando el producto bruto mantenía un crecimiento importante, y en 2000 y 2002, cuando caía el producto. El cuadro 5 detalla la participación relativa de cada rubro en el total de importaciones. Las importaciones, igual que las exportaciones, están valuadas a sus valores brutos y en esto difieren del cálculo del producto bruto que sólo incorpora el valor agregado en cada sector. Esto debe tenerse en cuenta si se estudia el comportamiento de una actividad individualmente que produzca bienes con gran contenido de importaciones, o destinados mayoritariamente a la exportación, porque podría aparecer, paradójicamente, con un comercio mayor a su producción.

	1990	1998	2000	2002
Bienes de capital	636	8.500	5.887	1.317
Bienes intermedios	2.069	10.017	8.443	4.366
Combustibles	423	853	1.035	480
Piezas y acces. (1)	691	5.521	4.447	1.503
Bienes de consumo	330	4.834	4.609	1.135
Autom. p/pasajeros	12	1.628	799	174
Otras importaciones	36	24	23	11
Total	4.197	31.377	25.243	8.988

(1) Piezas y accesorios para bienes de capital.
Fuente: INDEC. Intercambio Comercial Argentino.

Cuadro 4. Importaciones por tipo de bien (valores CIF, millones de dólares).

	1980	1990	1998	2000	2002
Importaciones totales (1)	10.541	4.197	31.377	25.243	8.988
Bienes de capital	22 %	15 %	27 %	23 %	15 %
Bienes intermedios	34 %	49 %	32 %	33 %	48 %
Combustibles	9 %	10 %	3 %	4 %	5 %
Piezas y accesorios	12 %	16 %	18 %	18 %	17 %
Bienes de consumo	19 %	8 %	15 %	18 %	13 %
Otras importaciones	4 %	2 %	5 %	4 %	2 %

(1) Importaciones a valor CIF (costo, seguro y flete). En millones de dólares.
Fuente: INDEC. Intercambio Comercial Argentino.

Cuadro 5. Participación relativa de cada rubro en las importaciones totales.

En 2003, como era de esperar, las importaciones se recuperaron rápidamente. Una vez consumidos los stocks de insumos importados las empresas debieron reponerlos para continuar produciendo aunque el costo de reposición era mayor por la modificación del tipo de cambio. La participación de cada rubro en las importaciones totales siguió similar al año anterior.

Demanda global

Se considera ahora el otro platillo de la balanza: los componentes de la demanda global, es decir, la forma en que se usan los recursos que tiene el país, en consumo, en inversión y en exportaciones.

Consumo

Éste es el componente de mayor peso dentro de la demanda global. Generalmente se lo mide como un porcentaje del PBI que en promedio representa alrededor del 80 % del mismo, mientras que entre el 20 y el 30 % se reparte entre la inversión y las exportaciones, según el período considerado. En el cuadro 1 se pudo observar los valores para los años 1993 a 2002 y su comportamiento al variar la producción.

Un pequeño aumento del consumo, por su tamaño, puede generar un incremento importante del PBI. Los factores que pueden impulsar un aumento del consumo son varios: suba de salarios, mayor empleo o más utilización de horas extra, facilidades crediticias (créditos para el consumo), expectativas de la gente sobre el futuro (en cuanto a empleo, estabilidad monetaria, mejores ingresos) y, por último, crecimiento del gasto público.

Aunque puede resultar atractivo favorecer aumentos del consumo que se transformarían rápidamente en incrementos del producto, no resulta siempre ser un crecimiento genuino y sostenible en el tiempo, porque un mayor consumo significa un menor ahorro, y ésta es la contraparte de la inversión.

El importante aumento del producto entre 1991 y 1994 fue impulsado, por el aumento del consumo que creció a razón del 10 % anual acumulativo. Su caída en alrededor del 6 % en 1995 tuvo mucha mayor repercusión en el PBI que el aumento de más del 20 % de las exportaciones. A partir de 1996, el consumo se recupera volviendo a aumentar a fines de 1997 a un ritmo superior al de PBI. En 1998, comienza una reducción del consumo privado que se agudiza a medida que disminuye el producto, llegando en 2001 a bajar un porcentaje mayor que la caída del producto. El consumo público mantuvo su crecimiento hasta el año 2000, registrando su primera baja en 2001, en plena crisis económica.

El consumo es función de los ingresos disponibles de la gente (ingresos netos de impuestos) y de su riqueza actual, pero también de sus expectativas sobre los ingresos futuros. En la medida en que los individuos esperan una reducción de su ingreso disponible reducirán su consumo actual y no tomarán créditos que supongan les será difícil pagar en el futuro. Este comportamiento se pudo constatar a principios de 2000, cuando se anunció un aumento en el impuesto a las ganancias que impactó en el consumo antes que afectara los ingresos de los contribuyentes. Como se analizará más adelante, las expectativas tuvieron un papel preponderante en la baja del consumo de los últimos años.

La inversión

La inversión tiene directa relación con el ahorro y las posibilidades de financiación. Las empresas pueden invertir si los bancos u otros intermediarios financieros generan préstamos sobre la base de los ahorros del público. Por eso se considera que hay equilibrio en la economía cuando la inversión es igual al ahorro (⁴).

El ahorro también puede provenir del sector público; cuando el resultado de su gestión arroja un superávit, éste es equivalente a un ahorro público y el déficit fiscal es igual a desahorro público (⁵). Si el resultado es negativo (déficit fiscal), parte del ahorro privado se debe destinar a cubrir ese déficit y por lo tanto se reducen los fondos para la inversión.

Cuando el ahorro nacional no es suficiente, se puede recurrir al ahorro externo (préstamos o capitales del exterior). Por lo tanto, la inversión es igual al ahorro nacional más el ahorro externo más el

---

(4) La ecuación de equilibrio es:

$$I = S$$

donde
I: inversión
S: ahorro

(5) Ahora la ecuación de equilibrio sería:

$$I = Spriv. + Resultado\ Fiscal$$

déficit o superávit fiscal ([6]). Si se prescinde del ahorro externo todo el esfuerzo recae en el ahorro privado (y el público si hay superávit fiscal). Recordando que el ahorro es un menor consumo presente, para aumentar la inversión se necesitaría un mayor sacrificio de la población. No hay otra elección: mayor ahorro es menor consumo privado o superávit fiscal. El ahorro externo puede ayudar a aumentar la inversión con menor sacrificio presente. Cuando se habla de ahorro nacional, en realidad se trata del ahorro en el circuito económico, en los bancos o en otras entidades financieras. No cuenta el dinero de los argentinos en el exterior, en inversiones financieras o en depósitos bancarios, ni el dinero guardado en las cajas de seguridad de los bancos o atesorado "bajo el colchón" ([7]).

Las cuentas nacionales registran como inversión interna bruta fija el valor de los bienes y servicios de producción nacional o importados, en un determinado período, destinados a la incorporación de activos fijos por parte de las empresas y los particulares. Incluye el valor de la producción de las máquinas y equipos que utilizarán las empresas (con una vida útil superior a un año) y el valor de las construcciones nuevas en el período considerado, destinadas a familias o a empresas (privadas o públicas), con todos los gastos asociados como escrituras, comisiones, etc. ([8]).

---

(6) Al incluir el ahorro externo:

$$I = S + S^* + RF$$

S: ahorro privado
S*: ahorro externo
RF: resultado fiscal

(7) Un informe del INDEC de julio de 2003, estimaba los activos totales de argentinos en el exterior en 109.677 millones de dólares. De esa suma, u$s 87.000 millones eran depósitos bancarios, inversiones en bonos y acciones y moneda extranjera declarada o no declarada.

(8) Detalle de la inversión interna bruta fija en 2000, a precios de 1993, en millones de pesos:

Inversión interna bruta fija		49.502
Construcción		29.773
Equipo durable de producción		19.729
1. Maquinaria y equipo		13.936
Nacional	6.001	
Importado	7.935	
2. Material de trasporte		5.793
Nacional	3.227	
Importado	2.566	

Fuente: Dirección Nacional de Cuentas Nacionales.

La inversión es el componente más inestable de la demanda porque tiene relación con las expectativas de los inversores sobre el futuro. Si bien la inversión depende fundamentalmente de la tasa de interés (a menor tasa de interés, mayor posibilidad de pagar un crédito y realizar una inversión), el empresario también comparará los rendimientos esperados de esa inversión con la tasa de interés actual y de acuerdo con ello concretará o no su inversión.

Las expectativas incluyen la consideración del inversor sobre la marcha de la economía, la situación política o cualquier medida que estime que afectaría su inversión. En determinadas situaciones, aun las bajas tasas de interés no provocarán aumentos en la inversión. Cuando cae la confianza, el costo del dinero (la tasa de interés) es mayor a los rendimientos esperados, disminuyen la inversión y bajan la producción y el empleo, iniciando un ciclo recesivo. Por este motivo no siempre el mayor ahorro asegura mayor inversión; el ahorro puede ser importante, pero en ocasiones, como ocurrió muchas veces en el país, no se vuelca hacia la inversión, sino que se mantiene al margen del circuito financiero, en las cajas de seguridad o fuera del país. La estabilidad monetaria y la seguridad jurídica son importantes para las decisiones de inversión. En épocas de inflación, los capitales, sean nacionales o del exterior, no se dirigen hacia la inversión productiva.

Las inversiones extranjeras habían desempeñado un papel importante en el desarrollo argentino, a partir de los capitales británicos en la construcción del ferrocarril a fines del siglo XIX, que dio un impulso enorme no sólo a la producción agropecuaria, sino al crecimiento del país y de muchas ciudades del interior. Los capitales del exterior también se orientaron a la industria alimenticia y a principios del siglo XX muchas empresas multinacionales establecieron filiales acordes con la prosperidad de la economía argentina en esos primeros años.

Después de esa época y a todo lo largo del siglo XX la inversión extranjera no tuvo un papel protagónico, salvo períodos muy cortos como a principios de la década del sesenta. Recién a partir de 1990 vuelve a tomar importancia en la economía, con las privatizaciones de empresas públicas.

Inversión pública y privada en tres décadas

En las décadas del setenta y el ochenta se registra una elevada inversión pública (más del 6 % del PBI como promedio en los años ochenta) pero no alcanzó a compensar la reducción de la inversión privada y esto se tradujo en el estancamiento del producto en esas dos décadas. En los noventa, la inversión pública se redujo notoriamente, pero el crecimiento de la inversión privada aumentó significativamente por las empresas privatizadas, lo que impulsó el incremento de la producción. En los primeros años de la década la inversión del exterior se centró en los servicios públicos puestos en manos privadas por medio de concesiones a 20 o 30 años de plazo: transporte ferroviario, subterráneos, administración de puertos, explotación y transporte de gas y petróleo, distribución de agua potable, depuración de aguas residuales, telefonía y comunicaciones, producción de energía eléctrica (térmica e hidroeléctrica) y la exploración y explotación minera. A partir de 1998 comienza una nueva reducción de la inversión privada con inversión neta negativa desde 2001, con una recuperación en 2003 desde la profunda caída del año anterior.

La paralización de la inversión hacia fines de la década se explica por las mismas causas que detuvieron el crecimiento del producto a partir de 1998, pero más allá del análisis de esas causas, en este capítulo interesa destacar la relación entre las variaciones del producto, la inversión y las importaciones, como muestra el gráfico 3.

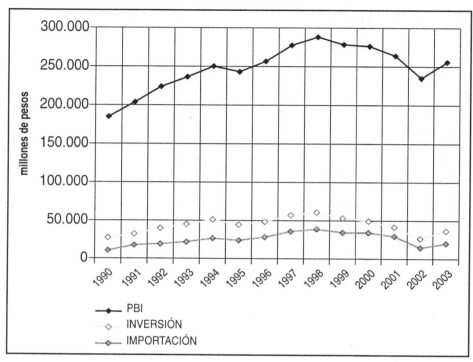

Gráfico 3. Comportamiento del PBI, la inversión bruta interna y las importaciones.

Dada esta vinculación entre la inversión y las importaciones, es útil investigar el destino de las importaciones de bienes de capital. El cuadro 6 muestra que la industria manufacturera es la principal destinataria de los bienes de capital importados, y en los últimos año, tuvieron una participación creciente los sectores transporte y comunicaciones. Todo esto justifica los malos resultados de las políticas de sustitución de importaciones basadas únicamente en el encarecimiento o en trabas a las importaciones. Siempre condujeron, a largo plazo, a la reducción de la producción y de las exportaciones.

Sector productivo	1990	1993	1998	2001
Agropecuario	25,2	98,4	330,1	112,6
Industr. manufacturera	305,3	1.552,4	2.726,6	1.367,7
Electricidad, gas, agua	60,4	263,3	550,3	344,3
Construcción	53,9	327,1	625,6	346,1
Transporte	44,5	605,7	1.982,3	645,8
Comercio, banca, seguros	56,1	378,4	621,1	429,5
Comunicaciones	51,2	662,0	1.274,2	680,9
Otros	38,9	228,0	389,7	255,1
Total bienes de capital	635,5	4.115,3	8.499,9	4.182,0
Fuente: Ministerio de Economía. Cuentas Nacionales.				

Cuadro 6. Importación de bienes de capital (en millones de dólares).

En la etapa de crecimiento del producto, la inversión representó más de 19 % del PBI, llegando a 21,1 % en 1998 (más del 15 % del PBI correspondía a ahorro nacional y el resto a ahorro externo). Al caer el producto baja la inversión que se mantiene por debajo del 15 % en 2002 y 2003, con una sensible pérdida en "equipo durable de producción importado" que normalmente se lo asocia con la incorporación de tecnología.

En el cuadro 7 se puede observar la necesidad de ahorro externo como diferencia entre la inversión total y el ahorro nacional. El ahorro externo o "ahorro del resto del mundo" también se calcula como diferencia entre importaciones y exportaciones, más la remuneración neta a factores del exterior, menos transferencias corrientes netas, como se verá en el cap. VI. Las cifras están expresadas en pesos corrientes, por lo tanto, en términos reales en 2002 la inversión y el ahorro son menores a los allí consignados. El cuadro sirve para mostrar que, salvo en ese último año, la inversión fue siempre mayor al ahorro nacional y de allí la necesidad de ahorro externo. Para 2002 y 2003, en cambio, el ahorro creció a expensas del consumo y ante una demanda de inversión muy deprimida quedó ocioso fuera del circuito productivo. No siempre el mayor ahorro asegura el crecimiento de la inversión.

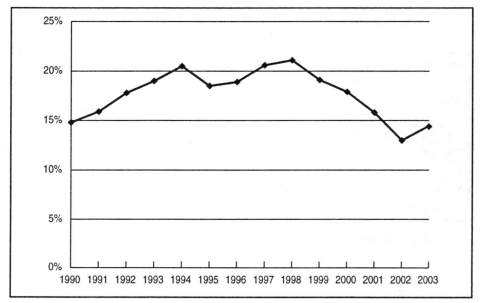

Gráfico 4. Inversión bruta interna como porcentaje del PBI.

	Inversión interna bruta (*) (1)	Ahorro nacional bruto (**) (2)	Ahorro externo (1) - (2)
1993	**46.563**	**38.402**	**8.161**
1994	51.400	40.251	11.149
1995	47.737	42.562	5.175
1996	53.407	46.585	6.821
1997	60.991	48.752	12.239
1998	62.692	48.162	14.530
1999	50.643	38.745	11.898
2000	49.714	40.907	8.807
2001	41.952	37.508	4.444
2002	34.311	61.204	-26.893

(*) Incluye variación de existencias y discrepancia estadística.
(**) El Ahorro Nacional Bruto es igual al Ingreso Nacional Bruto disponible menos el Consumo (privado más público). En el capítulo VI se muestra el cálculo del Ingreso N. B. disponible.
Fuente: Dirección Nacional de Cuentas Nacionales.

Cuadro 7. Relación entre inversión y ahorro (en millones de pesos a pesos corrientes)

Las exportaciones

La participación argentina en el comercio mundial se redujo drásticamente; de un 3 % a principios de siglo XX, la Argentina tiene hoy un 0,40 % de todo el comercio internacional, dentro de un contexto de importante aumento del comercio en casi todos los países.

De exportar más del 30 % del PBI en 1910, se vendía al exterior menos del 20 % treinta años después y por debajo del 10 % en las últimas décadas, con una recuperación en los años noventa que no alcanza a superar el 12 % del PBI, cuando el promedio de los países desarrollados se cuenta en el 27 %. Las exportaciones no sólo son fuente de divisas necesarias para pagar las importaciones que el país necesita, sino que constituyen la base del empleo genuino y el crecimiento sostenido.

Las exportaciones se pueden clasificar en:

1. Productos primarios.

2. Manufacturas de origen agropecuario (MOA) (incluye aceites, carnes, cueros, harinas, etc.).

3. Manufacturas de origen industrial (MOI).

4. Combustibles (petróleo y gas) y lubricantes.

Aproximadamente el 50 % de las exportaciones argentinas está compuesto por los dos primeros rubros (exportaciones de origen agropecuario); las manufacturas industriales representan un 30 % de las exportaciones totales y los combustibles y lubricantes se acercan en los últimos años al 20 % del total. A principios de la década del ochenta los bienes primarios más las MOA representaban alrededor del 80 % de las exportaciones totales.

	1980	1990	2000	2002
Exportaciones totales	8.021	12.488	26.409	25.346
Productos primarios	40 %	27 %	20 %	21 %
MOA	37 %	37 %	30 %	32 %
MOI	20 %	27 %	31 %	30 %
Combustible/energía	3 %	9 %	19 %	17 %

Cuadro 8. Exportaciones de la Argentina expresadas en millones de dólares y participación relativa de cada rubro en las exportaciones totales.

De este cuadro surgen las características de las exportaciones argentinas: más del 50 % son productos primarios y manufacturas de origen agropecuario que generalmente son de bajo valor agregado. Son *commodities* cuyo precio se forma en el mercado internacional y soportan grandes fluctuaciones que dependen no sólo de la demanda de los países compradores, sino especialmente de las buenas o malas cosechas de los competidores debido, entre otros, a factores climáticos. Buena parte del aumento de las exportaciones argentinas en la década del noventa se debió al inusual aumento en el precio internacional de los granos que en 1996 llegó a ser en dólares un 50 % mayor que el de 1991, para comenzar a bajar en 1997.

Hay otros factores que justifican el aumento de las exportaciones argentinas en la década del noventa, como una mayor demanda por algunos acuerdos de la última ronda del GATT, las mayores ventas a los países del Mercosur, una mayor participación de las manufacturas en las exportaciones totales y las ventas al exterior de combustibles.

	1990	1995	1998	2000	2001	2002
P. primarios	3.339	4.816	6.603	5.428	6.049	5.263
MOA	4.681	7.529	8.762	7.848	7.463	8.130
MOI	3.364	6.504	8.624	8.196	8.307	7.603
Comb./energía	1.104	2.313	2.445	4.937	4.791	4.350
Total	12.488	21.162	26.434	26.409	26.610	25.346
Fuente: INDEC. Intercambio Comercial Argentino.						

Cuadro 9. La evolución de las exportaciones en los últimos años. Exportaciones FOB de la Argentina por tipo de bien (en millones de dólares).

Las exportaciones se movieron en la década al compás del producto: se duplicaron entre 1990 y 1998 siguiendo al PBI y comenzaron a caer al bajar la producción a partir de ese último año. Estos datos también muestran que entre 1990 y 2000, con convertibilidad y tipo de cambio fijo, las exportaciones de manufacturas de origen industrial aumentaron un 144 %, en mayor proporción que los productos primarios y las manufacturas de origen agropecuario que crecieron por debajo del 70 %.

En 2001, las exportaciones alcanzaron los 26.655 millones de dólares, un aumento del 1 % con respecto al año anterior, atribuible al efecto combinado de un aumento del 7 % en las cantidades y una caída del 6 % en los precios, según la información de prensa del INDEC (31/1/02). Dentro de este total, las manufacturas industriales aumentaron 2 %, todo esto en un contexto de fuerte y prolongada recesión interna y de caída de las exportaciones agropecuarias por la suspensión de las compras de carne en el exterior por el brote de fiebre aftosa.

No parecería, entonces, que las exportaciones estuvieran limitadas por un tipo de cambio muy desfavorable y, en algunos sectores, la falta de competitividad era responsabilidad de una tasa de interés muy alta que afectaba las inversiones y la producción. Las exportaciones argentinas siempre fueron reducidas, entre el 8 y el 10 % del producto, y no existen evidencias de que una devaluación aumente en forma sostenida, el volumen de las ventas al exterior [9]. Estas exportaciones son fundamentalmente agropecuarias y dependen de la demanda externa y de la apertura de los mercados del exterior. La devaluación mejora sus precios, pero también encarece los insumos importados como los agroquímicos y fertilizantes nitrogenados cuyo

---

(9) La demanda del exterior (con la incorporación de China entre los países compradores) es la que posibilitó en los noventa el crecimiento de las exportaciones agropecuarias e impulsó el aumento de la producción agrícola y hasta el cambio en los cultivos. Entre la campaña 1989-1990, con 37 millones de toneladas, y la campaña 2000-2001, con 67 millones de toneladas, la producción agrícola argentina había aumentado más de 80 %.

A principios de la década, los principales cultivos, trigo, maíz y soja, tenían una producción similar de alrededor de 10 millones de toneladas cada uno. En 2000 la producción de soja era equivalente a las de trigo y maíz juntas, y para 2002-2003 la producción de soja supera en 30 % a las de maíz y trigo juntas. Es un buen ejemplo de cómo la producción y las exportaciones responden a la demanda sin necesidad de crear nuevos organismos oficiales que interfieran en el comercio exterior.

uso por hectárea había aumentado significativamente en los últimos años por su menor precio relativo. El peligro es que el menor uso de tecnología signifique menor producción.

Las exportaciones de origen agropecuario más favorecidas por la devaluación son aquellas con menor componente importado y con mercados ya abiertos en el exterior, como el caso de los frigoríficos que aumentaron rápidamente su rentabilidad con la modificación del tipo de cambio, que coincide con la apertura de los mercados de la comunidad europea al levantarse las restricciones a la compra de carne vacuna, establecidas en el año 2000 por el brote de aftosa en la Argentina.

Si bien las manufacturas industriales se benefician con un tipo de cambio más alto, en realidad sus exportaciones dependen de otros motivos, más importantes en el actual mundo globalizado, como la calidad del producto, el tipo de comercialización, su presentación, el servicio posventa, etc. Esto requiere incorporación de tecnología, que es equivalente a importaciones; si el costo de importar es alto se postergan las inversiones y con ellas la actualización tecnológica. Las series históricas del comercio exterior no muestran que las devaluaciones hayan favorecido en el largo plazo a las exportaciones de origen industrial.

En 2002 (con doce meses de una muy importante devaluación), las exportaciones argentinas bajaron 5 % con respecto al año anterior, consecuencia de la caída en los precios de los productos exportables (-3 %) y una baja en las cantidades físicas especialmente en manufacturas de origen agropecuario (-13 %) y manufacturas de origen industrial (-4 %). En 2003 las exportaciones se recuperaron alcanzando el valor de 29.300 millones de dólares, lo que representó un incremento del 14 % con respecto al año anterior, aunque las cantidades exportadas sólo aumentaron un 5 % y el resto se explica por la suba del precio de la soja, el maíz y el petróleo (la soja, en todas sus formas, porotos, aceites, pellets y harina, pasó a representar el 24 % de las exportaciones totales argentinas). Las ventas al exterior de productos industriales, en cambio, a dos años de la devaluación, seguían estancadas (las MOI bajaron al 26 % de las exportaciones totales).

Un proceso exportador sustentable en el tiempo debe ir acompañado de aumentos en la inversión y en el producto. Cuando la mejora de las exportaciones tiene su causa en ventajas circunstanciales —como una modificación cambiaria— o en mayores saldos exportables por la disminución del consumo interno, significan soluciones aceptables para el corto plazo, pero no son parte de una política exportadora sostenible. Las exportaciones agropecuarias están muy relacionadas con el consumo interno: una reactivación del consumo puede restar saldos exportables debido a que gran proporción de la producción se consume en el mercado interno. Salvo la soja, cuya producción se exporta casi íntegramente, y el trigo y el maíz, que se envían al exterior entre el 60 y 70 %, el resto de los productos agrícolas se destinan en mayor proporción al consumo nacional. De las carnes vacunas sólo se exporta el 15 % de la faena y mucho menor es la venta al exterior de aves y productos lácteos. Por la misma razón, un aumento de las exportaciones por mayor demanda externa puede impulsar un aumento de los precios internos de esos productos.

La política monetaria en el mercado argentino

La demanda de dinero

Como en cualquier mercado, el equilibrio en el mercado monetario lo determinan la demanda y la oferta. En este caso, la demanda y la oferta de dinero determinan el precio del dinero, que es la tasa de interés.

La demanda de dinero es una demanda de efectivo que realiza la gente o las empresas para sus transacciones habituales o para los gastos imprevistos que se le puedan presentar, y depende por lo tanto de sus ingresos (a mayores ingresos, más cantidad de transacciones comerciales) o de la producción (a mayor producción, más necesidad de dinero para pagar sueldos, proveedores, etc.). Pero también la demanda de dinero depende, esta vez negativamente, de la tasa de interés: a medida que aumenta la tasa, el público tendrá menor interés en mantener dinero en efectivo; el costo de oportunidad de tener dinero es alto porque está perdiendo la renta que obtendría al tenerlo colocado en una inversión financiera (plazo fijo, bonos u otros activos financieros) [1].

---

(1) Como expresáramos en el cap. I, los motivos que tiene un individuo para demandar dinero son: **motivo transacción** (para sus compras), **motivo precaución** (por los gastos imprevistos) y **motivo especulación** (explicado por Keynes como relacionado con las expectativas sobre la evolución de la tasa de interés).

La teoría económica presenta a la demanda de dinero como una función positiva de los ingresos y negativa de la tasa de interés:

$$L = f (Y , i)$$
$$\qquad\quad + \;\; -$$

Los individuos, una vez determinadas sus necesidades de efectivo, deciden sobre el resto de sus ingresos de acuerdo con el atractivo de los activos financieros que le ofrece el mercado, y eso está en relación fundamentalmente con la tasa de interés, pero también con el riesgo (la posibilidad de no cobrar el capital a su vencimiento) y el plazo de cada inversión financiera.

Los activos más seguros son, normalmente, los depósitos a plazo fijo, porque no dependen de las alternativas del mercado, se colocan a una determinada tasa de interés según el plazo de la operación y su único riesgo sería la insolvencia del banco o la desvalorización monetaria si son depósitos en pesos.

Los bonos son un préstamo que hace el comprador del título al emisor, con la promesa de su devolución en determinado plazo a una tasa de interés convenida. Los títulos públicos son bonos emitidos por el Estado y las obligaciones negociables son bonos emitidos por las empresas. En ambos casos, el riesgo es la falta de pago del capital al vencimiento por cesación de pagos, "default" del Estado o por quiebra de la empresa.

Es útil comprender la relación, inversa, que existe entre el precio de los bonos y la tasa de interés. El bono tiene un valor nominal con el que se emite, impreso en la lámina, y un cupón donde se indica la tasa de interés del bono o la renta fija que pagará en determinados períodos (esa tasa multiplicada por el valor nominal que figura en el título determina la renta anual del bono). De la relación renta/precio surge el rendimiento del bono, la verdadera tasa de interés. Si ese bono se obtiene en el mercado de capitales a un precio menor, como la renta establecida en el cupón es fija, a su vencimiento tendrá un rendimiento mayor (a menor precio del bono, mayor tasa de interés) [2].

---

(2) Ejemplo: Bono a cinco años, valor nominal $ 500 con cupón que promete un interés anual de 10 % siempre sobre el valor nominal (la renta anual de este bono será 500 x 10 % = $ 50). Si el precio del bono en el mercado es de sólo $ 300 como a fin de año seguirá pagando $ 50, el rendimiento del bono será igual a 50/300 = 16,66 %. Bajó el precio del bono, subió la tasa de interés.

El precio del bono en el mercado depende de la percepción de riesgo por parte de los compradores. Si existen expectativas de insolvencia o posibilidades de default, muy pocos querrán comprar ese bono, bajará mucho su precio lo que significará una alta tasa de interés. Hay otros factores que determinan el precio del bono: el plazo de devolución del capital (cuanto más distante sea, mayor será la tasa de interés que deberá pagar el bono) y el modo de amortización del capital (a su vencimiento o en cuotas periódicas). Todos estos factores hacen que la tasa de interés del bono (el "cupón") sea distinta de la del mercado que incluye el análisis técnico y también subjetivo del inversor para determinar el precio del bono. Cuando en el mercado la tasa de interés sube, el precio del bono baja; y viceversa.

Otros activos financieros que puede adquirir el público son las acciones. Un comprador de una acción emitida por una sociedad adquiere una parte de la propiedad de la empresa y obtiene ganancias si la acción sube de valor en el mercado, pero también puede recibir dividendos (que son participaciones de las ganancias) cuando el directorio de la empresa decide repartirlos.

La oferta monetaria

La demanda de dinero la determina el público, la oferta monetaria la establece el Banco Central. La oferta monetaria es el circulante en poder del público más los depósitos en los bancos comerciales (cajas de ahorro, plazos fijos, etc.).

Las modificaciones de la oferta monetaria, dada la demanda de dinero, producen variaciones en la tasa de interés: un aumento de la oferta de dinero significa mayor liquidez, y por lo tanto tiende a bajar la tasa de interés. En el caso contrario, una contracción monetaria (reducción de la liquidez) hará subir esa tasa. Como la tasa de interés es una variable de fundamental importancia para toda la economía, es imprescindible el control de la cantidad de dinero. El Banco Central puede modificar la oferta monetaria a través de tres instrumentos a su disposición: las operaciones de mercado abierto, los préstamos a los bancos y los encajes bancarios.

Las operaciones de mercado abierto son las compras o ventas de bonos que realiza el Banco Central: en caso de un exceso de liquidez, vende bonos, y así absorbe circulante; si la situación es de iliquidez, compra o rescata los bonos para lo cual emite dinero que aumentará la oferta monetaria. Generalmente estas operaciones en el país no se usaron como un instrumento de regulación monetaria, la emisión de títulos públicos fue un recurso habitual para conseguir dinero para financiar el déficit fiscal. Esta emisión de bonos constituye la deuda pública que fue creciendo año tras año. Otra operación de mercado abierto es la compra de dólares (u otra moneda) por parte del Banco Central, para sostener el tipo de cambio: la venta de dólares disminuye circulante y la compra de dólares lo aumenta, porque el Banco Central debió emitir dinero para pagar la moneda extranjera.

Los préstamos a los bancos comerciales es otro de los recursos del Banco Central para controlar la oferta monetaria. Estas operaciones, también llamadas "redescuentos", fueron fuente importante de inflación en los años ochenta y quedaron vedadas al Banco Central durante la Ley de Convertibilidad.

Otra forma de controlar la cantidad de dinero es por medio de los encajes o reservas bancarias, que tienen como función limitar la creación de dinero por parte de los bancos, aparte de servir como "colchón de seguridad" para el caso de imprevistos retiros de depósitos. Un encaje del 20 % significa que el banco debe guardar ese porcentaje de cualquier depósito que reciba.

Los bancos "crean dinero" por medio del llamado multiplicador bancario (creación secundaria de dinero). Un banco comercial recibe un depósito de un ahorrista "A" ($ 100). Suponiendo encajes del 20 %, el banco prestará el 80 % restante del depósito a un cliente "B", que podría depositarlo en otro banco, que a su vez también prestaría a su cliente "C" el 80 % del depósito que recibió. El aumento en la oferta monetaria que surge de esta operación es la suma de los depósitos de "A" ($ 100), más "B" ($ 80), más "C" ($ 64), y así sucesivamente.

Se supone que los bancos prestan la totalidad del dinero que se les permite porque no tiene beneficio guardar el dinero de sus ahorristas, sino por el contrario prestarlo en la forma más redituable; ésa es la función de los bancos comerciales. Si en determinado momento el Banco Central quisiera limitar la oferta monetaria, tendría que aumentar los encajes para que los bancos prestasen una menor cantidad de sus depósitos.

El sistema bancario argentino se desarrolló en general con muy altos porcentajes de reservas, que llegaron al 100 % en los años cuarenta y cincuenta ("nacionalización de los depósitos"). En los primeros años de la década del noventa bajaron a poco más del 10 % como promedio de todos los depósitos y a partir de fines de 1996 el esquema de reservas se modificó por un sistema de requisitos mínimos de liquidez, remunerados, que era igual para todo tipo de depósitos y que sólo variaban según el plazo de los depósitos. Estos requisitos mínimos en promedio representaban el 20 % de los depósitos, y los bancos los colocaban en dólares en el Banco Central o en un banco del exterior [3]. A principios de 2002, con la crisis bancaria se suspende el sistema de encajes remunerados y se vuelve al régimen anterior de reservas en pesos en el Banco Central.

La oferta monetaria se mide por distintos agregados monetarios que publica el Banco Central de la República Argentina y que se diferencian por el mayor o menor grado de liquidez que supone cada uno: M1 comprende la circulación monetaria (moneda y billetes en poder del público y de los bancos) más los depósitos en cuentas corrientes, éstos son los activos de máxima liquidez a los que el público puede acceder en forma inmediata y ninguno de sus componentes está retribuido por una tasa de interés. M2 agrega al concepto anterior los depósitos a interés a corto plazo y cajas de ahorro, y M3 incluye depósitos a corto y largo plazo.

El cuadro 1 muestra la composición de los agregados monetarios M1 y M3 en pesos y los mismos conceptos agregando los depósitos en dólares (M1* y M3*), según datos del BCRA.

---

(3) Requisitos mínimos de liquidez para el sistema bancario argentino desde 1998:

Depósitos hasta 89 días: 20 %

Depósitos de 90 a 179 días: 15 %

Depósitos de más de 180 días: 10 %

Mes y año	Circulante en pesos (1)	Cta. cte. en pesos (2)	Cta. cte. en dólares (3)	Caja de ahorro en pesos (4)	Plazos fijos en pesos (5)	Caja de ahorro en dólares (6)	Plazos fijos en dólares (7)
Junio 1994	9.079	7.909	875	5.270	9.213	3.860	16.333
Junio 1998	12.223	13.433	1.651	8.787	14.517	5.250	32.306
Julio 2000	11.395	12.624	1.688	8.612	13.100	5.628	42.686
Junio 2001	10.903	10.701	1985	7.081	11.054	5.991	44.635
Diciembre 2001	11.539	7.522	6.926	4.782	4.139	14.327	25.363

	Junio 1994	Julio 2000	Diciembre 2001
M1 = (1) + (2)	16.988	24.019	19.061
M1* = M1 + (3)	17.863	25.707	25.987
M3 = M1 + (4) + (5)	31.471	45.731	27.982
M3* = M3 + (6) + (7) + (3)	52.539	95.733	74.598

Cuadro 1. Agregados monetarios en millones de pesos.

M1 también mide el grado de monetización de la economía, y así se denomina a la cantidad de moneda que la gente está dispuesta a retener en forma gratuita; es la demanda monetaria que no tiene retribución porque el público la mantiene en efectivo o en cuentas a la vista.

La tenencia de dinero medida por M1 está íntimamente relacionada con la inflación. Hasta mediados de la década del cincuenta, M1 representaba el 25 % del producto bruto interno. En esos años, la gente comienza a tomar conciencia de los efectos de la depreciación de la moneda y, muy lentamente, comienza a decaer ese indicador; en momentos de alta inflación, M1 bajó al 3 % del PBI, llegando a valores menores en plena hiperinflación (1989 y principios de 1990). El dinero, en dólares, estaba en las cajas de seguridad de los bancos o en entidades financieras del exterior.

Con la estabilidad monetaria, volvió el dinero al circuito bancario, sin embargo, el público mantenía expectativas difíciles de modificar; a fines de la década del noventa el agregado M1 estaba alrededor del 10 % del PBI y M3 alrededor del 25 %; este último indicador supera el 40 % en Chile, es alrededor del 60 % en los EE.UU., y del 110 % en Japón.

El motivo del escaso crecimiento de los agregados monetarios en la Argentina estaría relacionado con los dólares que el público mantiene en efectivo y los depósitos de los argentinos en el exterior ([4]). La cantidad de dinero en el circuito bancario también puede aumentar por el nivel de "bancarización", es decir, el grado en que la población utiliza los bancos para sus transacciones y operaciones comerciales. La mayor cantidad de depósitos y la utilización del cheque en lugar del pago en efectivo permiten que funcione mejor el multiplicador bancario.

La base monetaria

La base monetaria está compuesta por la circulación monetaria (billetes y monedas en poder del público y de los bancos) más las reservas de los bancos en el Banco Central. La base monetaria es el pasivo del Banco Central por la deuda que tiene con el público, que mantiene los billetes que emitió el banco, y con los bancos comerciales que tienen sus reservas o encajes en el Banco Central).

La base monetaria aumenta cuando el Banco Central realiza alguna de las siguientes operaciones que se consideran "factores de expansión de la base monetaria": compra de dólares, financiamiento a los bancos (redescuentos), financiamiento al sector público (adelantos al gobierno), compra de títulos públicos. Estas operaciones significan un aumento del activo y simultáneamente del pasivo, porque el Banco Central emite pesos para comprar dólares o rescatar títulos o para prestar dinero.

Los "factores de absorción de base monetaria" son los que reducen la cantidad de dinero, como la colocación de títulos o la venta de dólares en las operaciones de mercado abierto.

El Banco Central de la República Argentina produce diariamente una información con los saldos de base monetaria, diarios y acu-

---

(4) Un estudio del Dr. Roberto ALEMANN que tomaba información de una investigación realizada por la Reserva Federal de los Estados Unidos ya revelaba en 1997 que el circulante en billetes de cien dólares en la Argentina era de alrededor de 40.000 millones. Con este circulante más los depósitos de argentinos en bancos del exterior, calculaba que el agregado M3 alcanzaba un total equivalente al 44 % del PBI.

mulados, y con los "factores de explicación de la base monetaria", es decir, con los factores de expansión o de absorción que justifican las modificaciones. Como ejemplo de su lectura, en el cuadro 2 se resumen los datos al 31 de diciembre de 2002. Su lectura muestra que la circulación monetaria y los encajes aumentaron en el año en 8.247 millones de pesos. Ese incremento de base monetaria se utilizó para prestar dinero al gobierno, para ayudar a entidades financieras con problemas de liquidez y para comprar dólares a los exportadores obligados a liquidar en el Banco Central. Al mismo tiempo se absorbió base monetaria con la colocación de letras y con la venta de dólares para mantener el valor del tipo de cambio. El neto de todas las operaciones, 8.247 millones, explica el aumento de la base monetaria.

	31/12/02	Variación acumulada (^{1})
CIRCULACIÓN MONETARIA	18.802	6.794
Circulante en poder del público	16.361	
Circulante en bancos	2.441	
Cuenta corriente BCRA (encajes)	10.349	1.453
BASE MONETARIA	**29.151**	**8.247**
Factores de explicación:		
Adelantos al gobierno	3.667	
Asistencia a entidades financieras	3.756	
Cuenta del gobierno nacional	15.231	
Otros	714 23.368	
Factores de absorción:		
Venta de LEBACs	2.698	
Sector externo (neto venta dólares)	12.423 15.121	**8.247**
(1) Acumulado desde el 8/2/02. **Fuente:** BCRA.		

Cuadro 2. Informe monetario diario del BCRA (cifras en millones de pesos).

La tasa de interés

La tasa de interés, entonces, queda determinada por la oferta y la demanda de dinero que hace el público y la oferta monetaria establecida por el Banco Central. Pero sin tener otras referencias no existe ningún cálculo matemático que permita conocer fielmente el valor de esa tasa si no lo hace el propio mercado. Es lo que pasó en la Argentina en 2002, cuando después del default (el no pago de los títulos públicos) y la desaparición de la actividad financiera, no hubo una tasa de interés de referencia.

Generalmente el activo financiero de menor riesgo (un título o bono seguro) es el que, en función de su rendimiento, establece la tasa de interés de mercado, la que aumentará según el mayor riesgo del activo que se ofrezca. Los títulos públicos a largo plazo (conocidos como títulos de la deuda pública) cumplen normalmente con esa función de menor riesgo relativo, especialmente si el país es los EE.UU. Allí durante mucho tiempo el Bono del Tesoro a 30 años fue el punto de referencia de la tasa de largo plazo para ese país y para el resto del mundo; este bono dejó de venderse en octubre de 2001 y los inversores pueden optar por un bono a diez años con una tasa de interés menor (cuanto más corto el plazo, menor riesgo y, por lo tanto, menor tasa de interés).

La Reserva Federal, en los EE.UU. (como el Bundesbank alemán o como cualquier otro Banco Central), influye en la determinación de la tasa de interés de corto plazo con sus operaciones de regulación monetaria como la tasa de redescuento o las operaciones de mercado abierto (el Banco Central de la República Argentina usó la venta de letras emitidas por él mismo para controlar la tasa de interés y la demanda de dólares en el 2002).

La cantidad de moneda

La política monetaria significa utilizar los instrumentos que tiene el Banco Central para modificar la cantidad de moneda o la tasa de interés, pero uno de los problemas más delicados fue la emisión irresponsable de dinero con sus consecuencias en los precios, en la tasa de interés y en la depreciación de la moneda.

Desde los clásicos con su teoría cuantitativa del dinero hasta la teoría económica moderna han demostrado sin duda que un aumento de la oferta monetaria produce un incremento en los precios de los bienes y servicios, en la medida en que la mayor cantidad de dinero se transforma en mayor demanda. La teoría cuantitativa del dinero, en la versión de FISCHER, mostraba que:

$$M \times V = P \times Q$$

Donde "M" es la cantidad de dinero; "V", la velocidad de circulación o cantidad de veces que se cambia el dinero por las transacciones; "P", el nivel de precios, y "Q", la cantidad de transacciones o producción del país.

Si se considera, en un período determinado, que la circulación de dinero y la producción son relativamente estables, entonces un incremento en la cantidad de dinero producirá un aumento proporcional en el nivel de precios. Éste es el principio fundamental de esta teoría y de allí surge la relación directa entre la emisión de dinero y los precios que la teoría moderna se encargó de corroborar con otros modelos y explicaciones.

Con el tiempo cobró mayor importancia la interpretación sobre el comportamiento del factor "V". Desde KEYNES, que supuso que en ciertas condiciones al aumentar la oferta de dinero podría reducirse la velocidad de circulación por la mayor liquidez, hasta quienes —por el contrario— demostraron que por efectos de la inflación e hiperinflación la velocidad aumenta en la medida en que los individuos adelantan sus compras para evitar las consecuencias de la suba de precios. Este aumento de "V" potencia cualquier crecimiento en la cantidad de dinero, y esto conduce al aumento de precios.

Con inflación disminuye la demanda de dinero (la monetización de la economía) porque la gente no quiere mantener dinero que se desvaloriza y por lo tanto dará prioridad a la compra de un bien antes de guardar efectivo, y esto aumenta la velocidad de circulación. En una economía muy dolarizada puede ocurrir que la elección del público para salir del peso sea comprar dólares en lugar de comprar bienes, en este caso no impulsaría aumentos en "V", pero provocaría modificaciones en el tipo de cambio, como se verá en el capítulo siguiente.

La teoría económica muestra que al aumentar la cantidad de dinero se incrementa la liquidez y tiende a bajar la tasa de interés. Cuando la inflación es alta no ocurre así porque, al mismo tiempo, la gente al adelantar las compras produce un rápido incremento de los precios que reduce la cantidad real de dinero ([5]) que anula el efecto inicial. Por el contrario, en lugar de bajar la tasa de interés en esas circunstancias la experiencia mostró exagerados aumentos de la tasa nominal con sus consecuencias perniciosas sobre la inversión y la producción.

Por último, la tasa de interés no es una variable suelta en la economía, sino el componente de un armónico engranaje compuesto por la cantidad de moneda, el nivel de precios, el gasto y el tipo de cambio, entre otros factores. Hemos visto que un aumento de la cantidad de moneda altera la tasa de interés. A su vez, la tasa repercute sobre el nivel de inversión, en el mercado interno, y sobre el movimiento de capitales del exterior que, por su lado, condiciona el tipo de cambio.

Una tasa de interés elevada reduce la demanda de fondos para inversión, porque al empresario le resultan demasiado caros los préstamos, y por lo tanto esto significará estancamiento o baja de la producción. Generalmente la menor producción, como se vio en el capítulo anterior, estuvo acompañada con la reducción de las importaciones (esto implica menor demanda de divisas).

Una baja de la tasa de interés favorecerá la demanda de crédito y por lo tanto la inversión y la producción. Por el lado externo desalentará la entrada de capitales. En realidad, los movimientos de capitales no están sólo condicionados por la tasa de interés interna sino por su comparación con la tasa de interés que pueden encontrar en el exterior y, puntualmente, con la tasa de interés de corto plazo de los EE.UU. Un inversor del exterior valuará las diferentes tasas y las condiciones y riesgos de los mercados donde puede optar.

En tiempos de inflación, las muy elevadas tasas de interés nominales no atrajeron capitales del exterior, sino que, por el contrario, salieron capitales del país por temor a la inflación y a los frecuentes cambios de políticas económicas. Paradójicamente, en esos momentos la tasa de interés elevada servía como un seguro para mantener el tipo de cambio porque el público buscaba refugio para su dinero alternativamente en depósitos a muy corto plazo con tasas elevadas o en la compra de divisas. Si la tasa de interés era baja, se volcaba a

---

(5) La cantidad real de dinero (o saldos monetarios reales) es igual a la cantidad nominal de dinero dividida por el nivel general de precios, si aumentan los precios disminuye la cantidad real de dinero.

la compra de dólares, aumentando la demanda de divisas y presionando al alza el tipo de cambio.

Existe, entonces, una firme relación entre los mercados interno y externo. Cualquier modificación de una de las variables producirá consecuencias en las otras; tratar de manipular arbitrariamente una variable monetaria puede alterar ese delicado equilibrio, como lo muestra la historia económica argentina.

La política monetaria argentina en las últimas décadas

La inestabilidad monetaria tiene su reflejo en el comportamiento de la tasa de interés. Las altas tasas de fines de la década del setenta y principios de la del ochenta junto con la garantía ilimitada de los depósitos bancarios inician una época caracterizada por las colocaciones a plazo fijo de menos de treinta días. La garantía estatal elimina el riesgo para el depositante, y por lo tanto los bancos se lanzaron a captar clientes con altísimas tasas de interés que entusiasmaron al público con supuestos rendimientos excepcionales en sus depósitos a plazo fijo; por ese motivo, con alta inflación, M3 aumentaba, por el efecto de los depósitos a plazo, mientras M1 disminuía por el temor a la desvalorización del dinero. Debe recordarse que con cierta cantidad de dinero algunos obtenían rentas que le permitían vivir sin trabajar, y no fueron pocos los que se endeudaron o vendieron sus propiedades para colocar el dinero en un plazo fijo.

Sin embargo, la ilusión monetaria jugó en contra de aquellos ahorristas porque en la cuenta final muchas veces descubrían que la tasa de interés real había resultado negativa, y por lo tanto habían disminuido sus ahorros en términos reales.

La hiperinflación y la devaluación de 1989 afectaron otra vez los ahorros del público, pero quedaron seriamente comprometidos cuando en diciembre de 1989 el gobierno dispuso el canje compulsivo de los depósitos a plazo fijo, superiores a un millón de australes, por bonos externos de largo plazo.

A partir de 1991, con la estabilidad monetaria cayó abruptamente la tasa de interés a valores ínfimos comparados con los de pocos meses antes y quedaron prohibidas las colocaciones a plazos menores a treinta días. Esto produjo al principio una situación similar a la "trampa de liquidez" explicada por KEYNES en los años treinta, porque al público, frente a una tasa tan reducida, le era indiferente tener el dinero en efectivo o en un depósito de bajo rendimiento y prefirió realizar compras de bienes durables que no habían adquirido antes al haber privilegiado la inversión financiera. Este consumo demorado activó la demanda y la producción al inicio de la década.

Con el mantenimiento de la estabilidad de precios la gente fue recuperando confianza y aceptando tener un rendimiento acorde con esa estabilidad. Así fueron creciendo los depósitos bancarios durante los años noventa, aunque con una fuerte participación de depósitos en dólares, ahora permitidos.

Con estabilidad monetaria no se consiguió que la tasa de interés alcanzara niveles aceptables para el crecimiento: una tasa pasiva baja que no estimula el ahorro, y una tasa activa alta que no ayuda a la inversión. Varios son los motivos que impiden la reducción de la tasa activa y mucho se ha escrito al respecto: la insuficiente monetización y reducida bancarización, el alto costo operativo de los bancos, el alto índice de incobrabilidad consecuencia de la reconversión obligada de muchas empresas pequeñas y medianas y la prima de riesgo relacionada con las expectativas de los agentes económicos.

Hasta fines de 2000 los depósitos totales en el sistema financiero (en cajas de ahorro y depósitos a plazo fijo) fueron aumentando con una creciente participación de los depósitos en dólares (62 % de los depósitos totales en 2000 estaban en cuentas en dólares). A partir de entonces, la desconfianza del público y la incertidumbre sobre la marcha de la economía se tradujo en la caída de los depósitos y la profundización de la dolarización.

En 2001, la debilidad política, los cambios de ministros de Economía, los experimentos de canje y megacanje de la deuda pública, incluidas las amenazas de no pagarla, llevaron al corte del crédito internacional y a una gran desconfianza interna sobre la moneda. Interpretando que una política monetaria y crediticia expansiva podría incentivar la recuperación, el Ministerio de Economía enfrentó la posición más prudente del Banco Central y consiguió una política crediticia más blanda hacia los bancos comerciales y una reducción de los encajes bancarios. El Banco Central aumentó los pases activos (^{6}) como auxilio al sistema financiero, superando los 8.000 millones de pesos en pocos meses y bajó los requisitos mínimos de liquidez que del 20 % promedio entre los depósitos pasaron a 18 % en abril y 15,5 % en junio de 2001. Esta medida, en un contexto de incertidumbre y desconfianza generalizada, causó malestar entre los inversores por el temor a la debilidad del sistema bancario y las consecuencias de la expansión monetaria, por eso a fines del año se pretendió revertir la situación subiendo los requisitos de liquidez a 18,5 % sin conseguir los efectos deseados (^{7}).

En los primeros once meses del 2001, es decir, antes del congelamiento de los depósitos el 3º de diciembre, ya se habían perdido 19.000 millones de depósitos (en pesos y en dólares) y en aquella fecha sólo el 28 % de los depósitos estaban en pesos, muestra de la preferencia de la gente por la seguridad de una moneda fuerte antes que una tasa de interés más tentadora en pesos. La disminución de los depósitos bancarios se aprecia en el cuadro 3.

---

(6) Los pases activos consisten en compras de títulos públicos en dólares o divisas por parte del Banco Central de la República Argentina a las entidades financieras, con compromiso de reventa a las mismas entidades a su vencimiento.

(7) Desde el 1º de octubre de 2001 la exigencia de efectivo mínimo sobre depósitos se elevó a 18,5 %. A partir del 26/11/01 se estableció una exigencia de efectivo mínimo de 100 % sobre depósitos y otras obligaciones a la vista y depósitos a plazo fijo cuya retribución superara cierta tasa promedio establecida diariamente por el Banco Central. Fuente: BCRA.

	Depósitos totales en pesos y dólares (en millones)	Depósitos en pesos (en millones)	Depósitos en dólares (en millones)
Diciembre de 1998	76.794	34.831	41.963
Diciembre de 1999	78.662	32.607	46.055
Diciembre de 2000	83.913	32.004	51.909
Julio de 2001	75.521	26.028	49.493
Noviembre de 2001	65.146	18.345	46.801
Diciembre de 2001	63.059	16.443	46.616
Fuente: Banco Central de la República Argentina.			

Cuadro 3. Evolución de los depósitos bancarios

La monetización en pesos medida por el agregado monetario M1 (circulante más depósitos en cuenta corriente en pesos) disminuyó 33 % en los primeros once meses de 2001:

	M1 en pesos (en millones)
Diciembre de 2000	24.764
Julio de 2001	20.743
Noviembre de 2001	16.492

El 3º de diciembre de 2001 se impusieron restricciones al uso de dinero en efectivo y a las transferencias de divisas al exterior. Por 90 días quedaron prohibidas las extracciones en efectivo que superaran los mil pesos (o mil dólares), las transferencias al exterior con excepción de las correspondientes al comercio exterior, y las exportaciones de billetes y monedas extranjeras. Al mes siguiente se avanzó mucho más sobre los ahorros de la gente al quedar prácticamente confiscados todos los depósitos, reprogramados a largo plazo con una pesificación obligatoria (cada dólar se convirtió en 1,4 pesos). La pesificación asimétrica favoreció a algunos deudores, que pudieron devolver sus créditos en dólares con pesos devaluados, pero este supuesto beneficio fue a costa de los ahorristas con sus dineros indisponibles y pesificados.

La estampida de los depósitos tuvo su origen en el derrumbe de la confianza pública, pero las medidas tomadas para evitar la caída del sistema bancario terminaron por acelerar la desconfianza. Los bancos no podían hacer frente a esa salida masiva porque no conservaban el dinero en su poder: como ya se explicó, su función es crear dinero con los depósitos de sus clientes. Al 31 de diciembre la liquidez de los bancos, sumando sus reservas obligatorias en el Banco Central más los requisitos mínimos de liquidez depositados en el exterior, más el efectivo de los bancos, en pesos y en dólares, llegaba a 11.200 millones de pesos, apenas cubría el 17 % de los depósitos totales. Esto muestra la inviabilidad de que los bancos pudieran devolver todos los depósitos.

Los depositantes han tratado de recuperar su dinero por diferentes métodos y la vía judicial para algunos resultó exitosa, pero otros tuvieron que aceptar el canje por bonos a diez años para tener la promesa de su dinero en la moneda de origen. Esto justifica la continua reducción de los depósitos a lo largo de 2002: los depósitos reprogramados que al 31 de enero sumaban 54.600 millones de pesos, en seis meses habían bajado a alrededor de 20.000 millones.

Esa salida de depósitos en 2002 por los amparos judiciales y por las extracciones permitidas, fue financiada por el Banco Central con emisión monetaria a través de la asistencia a los bancos comerciales. El aumento de la oferta monetaria impulsó en la primera mitad del año el aumento de los precios y su contracara que es la demanda de dólares. La mayor cantidad de dinero frente a una demanda de dinero estable o en disminución por la sustitución de pesos por dólares, elegida por el público, es la que impulsa la inflación.

Para evitar estas consecuencias de la emisión sin respaldo el Banco Central podría absorber liquidez por medio de las operaciones de mercado abierto, pero el Estado en default no puede colocar nuevos títulos públicos y por eso lo hizo por medio de las letras del Banco Central (LEBAC), en lugar de las letras del Tesoro Nacional (LETES). Tuvo que pagar muy altas tasas de interés en las primeras licitaciones de las letras aunque a mediados del año comenzó una caída en el nivel de las tasas.

Otro recurso que le queda al Banco Central para absorber liquidez es la venta de divisas, pero la disminución de las reservas internacionales no es aconsejable y puede crear expectativas de mayores devaluaciones.

Hacia la mitad de 2002 ya se había superado la emisión monetaria prevista para todo el año. Pero en la Argentina no sólo el dinero emitido por el Banco Central era un medio de pago de las transacciones normales. Desde hacía muchos años los bonos emitidos por las provincias se habían convertido en sustitutos de los billetes y monedas (cuasi monedas) y por lo tanto debían considerarse al evaluar la oferta monetaria.

Hasta mediados de 2001 la emisión de bonos estaba limitada a pocas provincias y apenas superaba el 5 % del circulante nacional [8]. A partir de allí se generalizó su uso con la aparición del patacón y el lecop, llegando a superar los 7.500 millones de pesos, de los cuales 6.000 eran patacones y lecops [9]. En marzo de 2003 se dicta un decreto que dispone el progresivo retiro de circulación de todas las cuasi monedas, situación que se considera en el cap. VI.

Es necesario que la gente vuelva a tener confianza en su moneda para que quiera conservarla sin temor a que pierda su valor, para esto es imprescindible una única moneda legal para lograr mejorar las expectativas del público y la confianza de su moneda. Ludwig Erhard, siendo ministro de Economía en Alemania, después de la Segunda Guerra Mundial, solía decir que "la mitad de una buena política económica es psicología y confianza".

---

(8) La primera emisión de los BOCADE (Bonos de Cancelación de Deuda) de Tucumán fue en 1985, por diez millones de australes. Después de 18 años dejaron de circular el 30 de julio de 2003.

(9) Bonos provinciales en circulación hasta mediados de 2003:

Provincia	Bonos	Valor nominal (en millones de pesos)
Buenos Aires	Patacones	2.730
Córdoba	Lecor	586
Corrientes	Cecacor	200
Entre Ríos	Federales	260
Tucumán	Bocade	169
Mendoza	Petrom	74
‧ Otras provincias	varios	188
Total		**4.207**
Nación	Lecops	3.300
Provincias más Nación		**7.507**
Fuente: Centro de Estudios Bonaerenses (CEB).		

El sistema financiero
Del ahorro a la inversión

Un país crece cuando ahorra y ese ahorro se invierte movilizando todos los recursos para lograr la expansión económica. En la medida en que los empresarios puedan acceder a mayor cantidad de fondos y que tengan expectativas favorables, se podrá transformar ese ahorro en inversión productiva. Es el único camino para aumentar la oferta de bienes (para el mercado interno y la exportación) sin temor a que un aumento de la demanda vuelva a producir inflación.

El sistema financiero es el vehículo a través del cual el ahorro se transforma en inversión productiva y para eso cuenta con distintos tipos de instituciones: los bancos que captan depósitos y otorgan créditos, la Bolsa de Valores donde se comercializan los bonos y las acciones, y los inversores institucionales como los fondos comunes de inversión, las administradoras de fondos para jubilaciones y pensiones y las compañías de seguros. En la Argentina tuvieron preponderancia los bancos como captadores del ahorro voluntario. Las preferencias del público por los inversores institucionales han sido muy bajas, en oposición a la tendencia en los países con mercados de capitales más desarrollados donde los bancos fueron perdiendo posición relativa frente a las instituciones no bancarias.

Los depósitos en cuenta corriente, caja de ahorro o plazo fijo que captan los bancos generalmente son operaciones de corto plazo que no siempre permiten su uso en créditos a mediano y largo plazo. El crédito para inversiones se origina preferentemente en las instituciones que captan ahorros de más largo plazo. Los fondos de pensión son una de las alternativas de captación de ahorros de largo plazo. Las Administradoras de Fondos de Pensiones y Jubilaciones (AFJP) pueden ser un aporte en tal sentido en la medida en que los gobiernos no avancen en el uso discrecional de los fondos de los trabajadores. En Chile, donde el sistema de capitalización funciona desde hace más de 20 años, las AFJP acumulan fondos equivalentes al 55 % del producto bruto y se considera que tienen una función destacada en el crecimiento de ese país.

En los EE.UU. y en países europeos, las empresas tienen como principal fuente de financiamiento las acciones y las obligaciones negociables; la emisión de nuevas acciones permite obtener recursos genuinos a menor costo pero requiere un cambio conceptual para algunos empresarios no siempre dispuestos a agregar nuevos socios (los titulares de las acciones) ni a difundir informaciones sobre la empresa, no sólo para la Bolsa de Comercio o la Comisión Nacional de Valores, sino también para los futuros inversores y los nuevos accionistas.

El ahorro depende de la confianza sobre la moneda, sobre las instituciones financieras y las expectativas sobre las medidas gubernamentales. El ahorro nacional fue cayendo al mismo ritmo que aumentó la inflación y muchas veces aun altísimas tasas de interés no alcanzaron para captar mayor ahorro porque la seguridad puede ser más importante que la tasa de interés para el ahorrista pequeño o para el gran inversor. La seguridad está relacionada con la estabilidad macroeconómica, con la percepción de la gente sobre la continuidad de las políticas de gobierno, con el control que ejerza el Estado sobre los intermediarios financieros, con el respeto a la propiedad privada, en resumen, con la credibilidad y confianza del público sobre sus instituciones.

La inseguridad, la mala experiencia de los ahorristas y la inflación han hecho que los argentinos tengan una importante cantidad de activos en divisas, fuera del sistema financiero, en el país o en el exterior. Este ahorro no registrado por las cuentas nacionales hace difícil evaluar la verdadera magnitud del ahorro nacional.

Los capitales del exterior

Cuando el ahorro interno no es suficiente, en condiciones normales un país puede recurrir al ahorro externo, es decir, a los capitales del exterior que pueden llegar en forma de inversiones directas o a través de algunos de los intermediarios financieros.

El ingreso de capitales a un país depende de factores externos e internos. Cuando la tasa de interés en los países centrales es muy baja, los capitales buscan inversiones más atractivas en otros países pero para que esos capitales se radiquen en un país requerirán las mismas condiciones que el ahorro interno: seguridad, confianza, seriedad en las medidas políticas y económicas, son los factores que determinan dónde ahorrar y dónde invertir, para cualquier capital, nacional o foráneo.

Un rápido panorama de los últimos años muestra una restricción importante de capitales en la década del ochenta y una abundancia en la del noventa que coincide con facilidades para su ingreso en países que habían sido más remisos a la inversión externa. La crisis argentina a partir de fines de 2001 y los problemas en otros países latinoamericanos presagian una década poco favorable para las inversiones del exterior de largo plazo.

El ingreso de capitales externos es importante para un país en crecimiento porque posibilita las inversiones y los avances en materia tecnológica necesarios para un desarrollo productivo moderno. Pero los movimientos de los capitales también producen perturbaciones que originan las controversias entre los partidarios de su libre ingreso y quienes prefieren ponerle restricciones o controles a su entrada o a su salida.

Cuando están destinados a inversiones directas son colocaciones a largo plazo que no tienen alteraciones mientras que se mantengan las condiciones de la actividad en la que se invirtió y las del país. El ingreso de capitales de corto plazo en general estimula la economía, impulsando un mayor consumo, baja de la tasa de interés y aumento de la producción; esta situación genera expectativas optimistas sobre el crecimiento, los inversores acompañan esa tendencia hasta que algún hecho interno o externo produce un cambio de las expectativas y entonces buscan una rápida salida. Cuando entran como depósitos en los bancos, la salida masiva puede crear graves problemas de liquidez, y hasta pueden obligar a cancelar créditos para devolver el capital, llevando a la recesión, aunque en este comportamiento sería difícil encontrar diferencias entre capitales nacionales o del exterior. Los capitales también pueden ingresar por la Bolsa comprando acciones de las empresas o bonos y una repentina salida producirá repentinas bajas o fuerte fluctuación de las cotizaciones. Estos movimientos no son nuevos, una mejor tecnología hizo que los flujos sean mayores en los últimos años y más volátiles al contar con mayor y más rápida información.

La Fundación de Investigaciones Económicas Latinoamericanas (FIEL) propuso —para evitar las consecuencias de las súbitas salidas de capitales— aplicar políticas anticíclicas, creando superávit fiscal para rescatar deuda pública en la bonanza, para poder aumentarla en los momentos de crisis. Para esto se necesita una disciplina fiscal poco frecuente en la administración pública. Otros proponen mayores encajes bancarios para bajarlos cuando salen los capitales, aunque esto podría llevar a una mayor tasa de interés.

Un ingreso importante de capitales en determinadas circunstancias también puede crear mayor liquidez que debe diferenciarse de un crecimiento genuino y permanente. En la década del noventa con el ingreso de capitales crecía el stock de divisas y, por lo tanto, la oferta monetaria, aumentando la liquidez que genera mayor consumo. Esta situación ampliada por las mayores posibilidades de financiamiento, impulsaron a los particulares y al gobierno a gastar más y ahorrar menos, agravando los déficit en la cuenta corriente del balance de pagos, que fueron cubiertos por el superávit de la cuenta capital. En general, el problema no es el ingreso, sino la salida intempestiva de los capitales, nacionales o del exterior. Por eso resulta necesario mantener las condiciones internas que requeriría cualquier inversor.

En 2003, con tasas de interés muy bajas en los EE.UU., Europa y Japón, los fondos especulativos que se mueven por diferencias en las tasas de interés volvieron a ingresar en América Latina, y la Argentina no quedó al margen de estas operaciones donde pudieron cambiar divisas a pesos, colocarlos a plazo fijo a treinta días a tasas de más del 20 % anual y volver a cambiar por moneda extranjera para ser repatriados. En este caso aprovecharon tasas de interés demasiado altas para la economía argentina. Por el temor a las consecuencias de las bruscas salidas que producen corridas bancarias y cambiarias, el gobierno argentino dispuso un nuevo control al ingreso y al egreso de divisas ([10]). Con esta medida también buscaba sostener el valor del dólar, evitando que la entrada de capitales (mayor oferta de divisas) presionara a la baja del tipo de cambio. Los controles al flujo de capitales deben considerarse medidas excepcionales y complementarias a la solución de los problemas de fondo: recrear la confianza en el mantenimiento de las reglas de juego, la seguridad jurídica, el respeto a la propiedad y el cumplimiento de los compromisos públicos y privados.

---

(10) El decreto de fecha 27/6/03 dispone que "el ingreso y egreso de divisas al mercado local, así como la negociación de las mismas en dicho mercado, deberán ser objeto de registro ante el Banco Central". Las divisas podrán retirarse "sólo al vencimiento de un plazo de 180 días corridos, a contar desde la fecha del ingreso de las divisas".

Excepciones al control: no están comprendidas en esta disposición las operaciones de comercio exterior ni las inversiones extranjeras directas. El control sólo alcanza a los inversores no residentes en el país.

La tasa de interés del exterior y la economía interna

Los bancos centrales independientes de los países desarrollados a menudo tratan de controlar la inflación por medio de la restricción monetaria o el aumento de la tasa de interés. Es el caso de la Reserva Federal de los Estados Unidos o el Banco Central Europeo.

La Reserva Federal anuncia una tasa de referencia para los fondos federales, que es la tasa de interés para los préstamos de dinero entre los bancos; comprando o vendiendo títulos del gobierno a los bancos comerciales logra ajustar esa tasa. Los mayores costos de financiación de los bancos son cargados a los clientes por medio de la tasa de interés de corto plazo, con sus conocidas consecuencias sobre la inversión y la producción. Ésta es la forma en que un banco central traslada el aumento a la tasa de interés de corto plazo, con el objetivo de desacelerar la economía. Hay otro efecto que es a través del mercado de bonos: el aumento de la tasa de corto plazo alerta sobre las intenciones del banco central de frenar la inflación y esto hace ajustar inmediatamente el rendimiento de los bonos.

Cuando el banco central es la Reserva Federal de los EE.UU., las consecuencias superan las fronteras de esa nación. A principios de los años ochenta (segunda crisis del petróleo) la tasa de corto plazo de los Estados Unidos llegó a niveles excepcionalmente altos, provocando en los países latinoamericanos severos trastornos que condujeron al incumplimiento del pago de la deuda externa. La Argentina sufrió en esa década las restricciones del crédito internacional, que se abstuvo por la inseguridad económica en estos países, cayendo en un pronunciado estancamiento productivo.

En 1994 y 1995, un nuevo aumento, aunque mucho más moderado, en la tasa de corto plazo de la Reserva Federal produjo fuerte baja en los papeles y delicadas situaciones en el mercado interno. En los años siguientes, cada anuncio de una posible modificación de la tasa de interés externa acarreó una fuerte zozobra en el mercado de bonos ([11]).

Un alza, entonces, en la tasa de interés del exterior tiene consecuencias en el mercado interno: puede reducir la entrada de capitales (menor oferta de divisas), presiona a la baja los precios de los bonos y las acciones, y aumenta el costo de la deuda externa contratada a tasa variable.

A partir de 2001 cambió la tendencia de la tasa de referencia y bajó en forma significativa, en respuesta a necesidades de la economía norteamericana. Sin embargo, sus efectos positivos no se notaron en el mercado argentino sumido en una crisis tan profunda que pasaron inadvertidos los beneficios de una baja importante en la tasa de interés internacional.

A principios de 2004 la tasa de corto plazo (que es la que determina la Fed) se mantenía en un 1 %, su nivel más bajo en cuatro décadas, y la tasa de 10 años (que la establece el mercado) era algo superior al 4 %. La perspectiva es que la Reserva Federal vaya gradualmente ajustando para arriba la tasa de interés en consonancia con la economía de los Estados Unidos y éste es un aspecto para tener en cuenta.

---

(11) La Reserva Federal de los EE.UU. durante el período 1995-2000 mantuvo elevada la tasa de interés para evitar un recalentamiento de la economía con motivo de la inusual alza en el precio de las acciones de las empresas tecnológicas que fue responsable de una peligrosa "burbuja financiera": los inversores se entusiasman demasiado con títulos de empresas en alza, o de moda, suben los precios y atraen a nuevos inversores hasta llegar los precios a límites poco razonables; cuando termina la euforia y los precios comienzan a bajar, entran en pánico y los precios caen violentamente al vender los papeles muy apresuradamente. Cuando sucedió esto último, y ante el riesgo de una deflación, la Reserva Federal comenzó, desde principios de 2001, a bajar las tasas de referencia de corto plazo, llegando en junio de 2003 al 1 %, su nivel más bajo desde 1958.

El rendimiento de los Bonos del Tesoro de los Estados Unidos tiene relación con la tasa de corto plazo, pero su comportamiento tiene otros motivos. En momentos de crisis hay mayor demanda de bonos (por ser más seguros) y cae su rendimiento; sin embargo, a fines de 2003, superada la recesión y como consecuencia de una gran emisión de bonos para cubrir su déficit fiscal, los títulos del Tesoro mostraban altos rendimientos (el aumento de la oferta reduce el precio y sube la tasa de rendimiento). En caso de confirmarse esta tendencia podría encarecer la renegociación de la deuda argentina en default.

Capítulo V

Sector externo

El mercado de cambios

El tipo de cambio es la relación que existe entre el valor de la moneda nacional y el de una moneda extranjera, es decir, la cantidad de moneda nacional que se necesita para comprar una unidad de moneda extranjera (por ejemplo, un dólar).

Cuando la moneda interna se desvaloriza, es necesario más dinero para comprar la misma cantidad de divisas, en este caso, se dice que aumentó el tipo de cambio o que se produjo una depreciación de la moneda del país ([1]).

Un caso así significa que se encarecieron las importaciones, porque para comprar en el exterior el mismo producto se necesita mayor cantidad de moneda nacional, los productos importados son ahora más caros. Por el contrario, las exportaciones se favorecen porque los exportadores colocarán a mejor precio sus productos en el exterior.

Un aumento del tipo de cambio, entonces, favorece las exportaciones y encarece las importaciones, y esto, en consecuencia, mejoraría el balance comercial del país, aunque ello en definitiva dependerá de otros factores que se analizan más adelante.

---

(1) Si el tipo de cambio es **r = $ 3/u$s 1**, significa que se necesitan $ 3 para comprar un dólar.

Si se necesitaran $ 5 para comprar el mismo dólar (por depreciación de la moneda) el tipo de cambio sería **r = $ 5/u$s 1**. Esto es un aumento del tipo de cambio (devaluación).

¿Cómo se determina el tipo de cambio?

El tipo de cambio es el resultado del equilibrio entre la oferta y la demanda de divisas. Demandan divisas los importadores de mercaderías y servicios, las empresas para repatriar utilidades, los particulares (por ahorro o por especulación o para viajar al exterior) y el Estado en sus operaciones de mercado abierto. La oferta de divisas proviene de los exportadores, de la entrada de capitales, de los turistas que visitan el país, de los particulares cuando necesitan pesos para sus transacciones normales y del Estado.

El tipo de cambio es un precio que se forma dentro de un mercado (el mercado de cambios), uno de los que más se acerca al concepto clásico de libre competencia. Como cualquier precio de la economía, está determinado por la oferta y la demanda, en este caso, la oferta y la demanda de divisas.

Cuando se establece por el juego de la oferta y la demanda se dice . que hay un tipo de cambio libre o flexible o de libre flotación, porque lo determinan los operadores del mercado sin intervención de las autoridades monetarias. Dentro de este esquema, el Banco Central puede intervenir vendiendo o comprando divisas para influir en el tipo de cambio al modificar la demanda o la oferta (en este caso, se habla de "flotación sucia" del tipo de cambio).

Un gráfico, muy simple, ayuda a visualizar con facilidad el equilibrio en este mercado (gráfico 1). La demanda de divisas es una curva descendente a medida que baja el tipo de cambio. Como cualquier demanda de bienes o servicios, aumenta la cantidad demandada al bajar los precios; la oferta, por el contrario, será mayor cuanto más alto sea el tipo de cambio (más alto el precio de las divisas).

Una mayor demanda de divisas, por ejemplo para adquirir bienes importados o porque el público está comprando mayor cantidad de moneda extranjera que la habitual, se mostrará gráficamente como un traslado hacia la derecha de la curva de demanda. Un incremento de la demanda de divisas provoca un aumento del precio de las divisas (en términos de moneda nacional), es decir, un aumento del tipo de cambio. El equilibrio pasó del punto A al punto B en el gráfico 1.

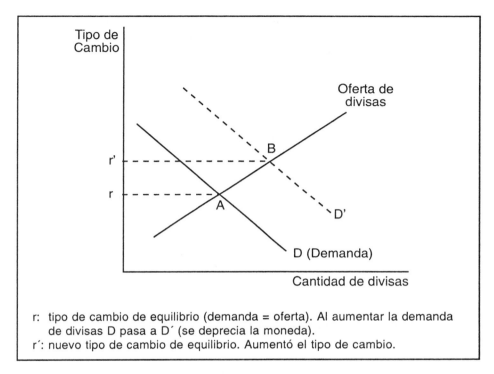

r: tipo de cambio de equilibrio (demanda = oferta). Al aumentar la demanda de divisas D pasa a D´ (se deprecia la moneda).
r´: nuevo tipo de cambio de equilibrio. Aumentó el tipo de cambio.

Gráfico 1. Demanda y oferta de divisas. Efectos de un aumento de la demanda.

Tipo de cambio fijo

Hasta 1944 rigió en el mundo el denominado "patrón oro" (el dinero circulante debía mantener una proporción con las reservas de oro que tenía el país). Este sistema servía para equilibrar los desajustes de la balanza comercial porque, por ejemplo, un exceso de importaciones sobre las exportaciones generaba salida de oro que obligaba a ajustar la cantidad de dinero circulante, bajaba en consecuencia la demanda agregada y por ende los precios que mejoraban así la competitividad de las exportaciones y por lo tanto ayudaban al equilibrio del comercio exterior. En 1944, la conferencia de Bretton Woods marcó el fin del patrón oro, y a partir de allí los países comenzaron a fijar sus monedas en términos de dólares. Cada país determinaba la paridad de su moneda con el dólar y el Banco Central (que desde entonces mantiene sus reservas en oro, dólares y otras divisas) sólo intervenía si el valor de la moneda superaba cierta banda cambiaria que inicialmente fluctuaba en un 2 % por encima o por debajo del valor fijado (²).

En el mundo tuvieron aceptación las políticas de cambio fijo porque quitan la incertidumbre de las variaciones cambiarias. Sin embargo, la paridad establecida puede mantenerse inalterada mientras no se modifiquen las condiciones internas, especialmente la cantidad de moneda, los precios y la tasa de interés. Cuando no ocurre así, la presión sobre el tipo de cambio puede ser tan importante que obligará a las autoridades monetarias a aumentar el tipo de cambio, es decir, a reconocer una devaluación. El aumento del tipo de cambio es la consecuencia necesaria de la pérdida de valor de la moneda interna.

¿Por qué motivo debe aumentar el tipo de cambio?

Cuando un país fija el tipo de cambio, está garantizando que su Banco Central venderá todas las divisas que le demanden al precio establecido (gráfico 2). En condiciones normales, venderá dólares pero también los recibirá de quienes necesitan pesos para sus transacciones; de esta forma mantendrá el nivel de las reservas del país. Cuando la demanda de moneda extranjera es mayor a la oferta, las reservas comienzan a bajar, más aún cuando existe desconfianza de la gente sobre el futuro económico. Antes de quedarse sin reservas el Banco Central tendrá que aumentar el tipo de cambio.

¿Por qué motivo no lo hizo antes? A nadie le complace devaluar por las consecuencias que tiene esta acción en el mercado interno. En primer lugar, crea expectativas de nuevas devaluaciones que, justa-

---

(2) Al establecer esa banda cambiaria, el acuerdo de Bretton Woods prohibía a los países devaluar sus monedas sin previa autorización del resto de los países, lo que exigía disciplina monetaria y fiscal para mantener los valores de paridad. El sistema se abandonó en 1971, y desde entonces cada país se reservó la posibilidad de fijar y modificar la paridad de su moneda con el dólar.

mente, es uno de los objetivos que pretende evitar el tipo de cambio fijo. En segundo lugar, las devaluaciones producen inflación al aumentar el precio de los insumos importados y no siempre conducen al equilibrio de la balanza comercial. La literatura sobre economía menciona la condición MARSHALL-LERNER, que establece que para lograr la mejora del balance comercial las exportaciones deben aumentar lo suficiente y las importaciones deben bajar lo necesario para compensar el alza del precio de las importaciones. Pero esta condición al menos es difícil que se cumpla inicialmente, porque tanto las exportaciones como las importaciones no se acomodan con rapidez a la nueva relación del tipo de cambio; la devaluación provoca al principio un déficit comercial (por las importaciones ya programadas) y con el tiempo se van recuperando las exportaciones y bajando las importaciones provocando una paulatina mejora del balance comercial (la teoría económica llama a este proceso la "Curva J", por su rama descendente que luego se recupera). En la Argentina, como se verá, hay otros factores que dificultan el equilibrio.

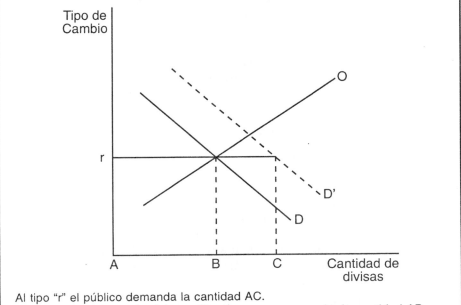

Al tipo "r" el público demanda la cantidad AC.
Pero los vendedores de divisas sólo ofrecen, a ese precio, la cantidad AB.
Por lo tanto, el Banco Central deberá vender la cantidad excedente BC.

Gráfico 2. Tipo de cambio fijo.

Cuando la moneda interna se ha depreciado (por excesiva emisión monetaria, por inflación o por cualquier otro motivo) las autoridades económicas tienen pocas alternativas, todas con un elevado costo:

- Vender todas las divisas que el público y los importadores requieran, perdiendo millones de dólares de las reservas. Esto tiene un límite porque cuando los operadores advierten la disminución de las reservas, demandan más divisas y se produce la salida de capitales, complicando al mercado en un proceso que se realimenta peligrosamente.

- Subir la tasa de interés para desalentar la compra de divisas y atraer depósitos en moneda nacional. Esto también tiene un límite y es la magnitud de la tasa de interés que perjudica a las empresas, a la inversión y a la producción. Generalmente, en estas circunstancias la tasa de interés real a mediano y largo plazo resulta negativa porque queda por debajo de la tasa de inflación que creció más rápido.

- Establecer un estricto control de cambios para reducir la compra de divisas (declaraciones juradas, cupos, prohibiciones de compra de divisas para determinadas actividades, impuestos a las transacciones en divisas, etc.). En general con pobres resultados, porque en estas ocasiones surge el mercado paralelo o marginal para comercializar las divisas sin intervención oficial.

- Elevar el tipo de cambio (devaluación), fijando un nuevo valor para la depreciada moneda interna.

Los controles en el mercado de cambios incluyen limitaciones al movimiento de capitales, tratando generalmente de evitar la salida de divisas y los problemas financieros que provoca una retirada masiva ante expectativas de dificultades internas. En algunos países, como Malasia o la India, los controles sirvieron como solución temporaria hasta restablecer la normalidad en la economía. Chile impuso, con buenos resultados, tasas punitorias a la salida de capitales de corto plazo, pero eliminó todos los controles en 2002 ante la disminución del flujo de capitales hacia los mercados emergentes.

Los controles pueden reducir la vulnerabilidad generada por las salidas repentinas e inesperadas de los flujos de corto plazo, pero también condicionan su ingreso, porque los inversionistas no quieren quedar atrapados en países con historia de inestabilidad y convulsiones económicas.

Tipo de cambio libre

Mantener un tipo de cambio fijo requiere estabilidad macroeconómica para evitar la depreciación de la moneda y, en consecuencia, la modificación de la relación cambiaria.

Cuando gobiernos de diversas naciones, muchas europeas, abusaron de las políticas activas, sin controlar el gasto público, con emisión monetaria sin respaldo y consintiendo la inflación, la depreciación de las monedas internas de los países hicieron ilusorio mantener tipos de cambio inamovibles en el tiempo. Por esa razón, a partir de la década del setenta varios países optaron por los tipos de cambio flexibles para acomodar el valor de sus depreciadas monedas.

Como se explicó, los tipos de cambio flotantes o flexibles se establecen en el mercado por el equilibrio de la oferta y la demanda de divisas, sin intervención de las autoridades económicas. En un mercado normal las pequeñas fluctuaciones no crean las expectativas que originan una modificación cambiaria en el régimen de tipo de cambio fijo, pero convivir con tipo de cambio libre también requiere estabilidad macroeconómica.

Hoy las principales monedas, el dólar, el marco alemán, el yen, se cotizan en mercado con libre flotación; por supuesto que ello también implica el libre movimiento de las variables internas. La política monetaria ajusta la cantidad de moneda a la demanda real de dinero y la tasa de interés fluctúa libremente en función de la masa monetaria. La autoridad económica puede tener una política monetaria activa porque no interviene en el mercado de divisas, pero esa posibilidad está fuertemente condicionada porque cualquier desajuste interno se transmite inmediatamente al tipo de cambio.

Un déficit comercial —exceso de demanda de divisas— incrementa el precio, es decir, aumenta el tipo de cambio que encarece las importaciones, con el consiguiente impacto en los precios internos. Esto tiende a equilibrar la balanza comercial y también el mercado interno, al reducir los salarios reales. La diferencia radica en que la demanda de divisas no afecta el stock de reservas internacionales.

Un exceso en la cantidad de dinero tiende a bajar la tasa de interés que será menos atractiva para los capitales del exterior (salida de capitales) presionando así al aumento el tipo de cambio, que elevará los precios internos, reduciendo la cantidad real de dinero. Por otra parte, el aumento inicial en la oferta monetaria también ajusta hacia arriba los precios, sumándose al efecto anterior.

Se debe destacar que los tipos de cambio flotantes son también inestables ante una importante salida de capitales. En momentos de incertidumbre, los operadores pueden requerir una tasa de interés muy elevada para mantener sus inversiones como se pudo observar en algunos países en los últimos años; por si solo un tipo de cambio libre no evita las consecuencias de las turbulencias del exterior y la volatilidad de los capitales. Las ventajas de un tipo de cambio libre es que corrige automáticamente los desequilibrios internos o los externos (de la balanza comercial) sin afectar las reservas internacionales. Las desventajas son las continuas fluctuaciones y el peligro de aumento de precios y consiguiente baja de salarios (³).

Sin embargo, éstas son consecuencias de los desequilibrios en la economía y no responsabilidad del sistema cambiario adoptado. Con estabilidad macroeconómica, disciplina fiscal y monetaria, y políticas que lleven confianza a los operadores, el tipo de cambio flexible no debe provocar alteraciones de proporción. Por ese motivo se requiere una política monetaria seria, profesional y autónoma con un Banco Central independiente del poder político para evitar la tentación de manipular los agregados monetarios o el tipo de cambio para solucionar problemas coyunturales. Con tipo de cambio flotante el Banco Central es un operador más que puede comprar o vender divisas pero su intervención no debe llegar a mantener una tasa de cambio artificialmente alta o baja para favorecer el comercio exterior o para mantener los precios internos.

---

(3) Algunos autores sostienen que el tipo de cambio flexible no permite el crédito de largo plazo porque la incertidumbre sobre la evolución del valor de la moneda hace que los depósitos de ahorro de la gente sean de muy corto plazo. Sin embargo, la experiencia de los últimos años en la Argentina mostró que con el tipo de cambio fijo tampoco aumentaron los plazos de los depósitos bancarios y ni el ancla monetaria de la convertibilidad pudo disminuir los temores a la desvalorización de la moneda y la inflación.

El mercado de cambios en la Argentina

Históricamente, el tipo de cambio fue fijado por el Banco Central con excepción de unos pocos períodos breves donde rigió un cambio libre o con flotación "sucia" acotada por la autoridad monetaria. El tipo de cambio fijo se presentó de distintas formas a lo largo de los últimos cincuenta años. Desde un tipo único para todas las actividades o tipos preferenciales (para determinadas mercaderías) hasta tipos de cambio múltiples (diferentes cambios para importaciones, para exportaciones, para turismo o para actividades financieras).

En todos los casos, los mercados con tipo de cambio fijo estuvieron acompañados del "control de cambios" que tiene como objetivo, no siempre logrado, limitar la compra de divisas por medio de la identificación del operador, cupos a la adquisición de divisas o declaraciones juradas sobre el destino de la operación. En otros momentos se aplicaron impuestos a la compraventa de divisas, más por razones fiscales que de control cambiario.

En octubre de 1931, poco tiempo después que la Argentina abandonara el patrón oro, se implantó por primera vez el control de cambios, y se creó un organismo que tenía por finalidad establecer permanentemente la paridad del peso con el resto de las monedas.

Durante la Segunda Guerra Mundial, el país mantuvo importantes exportaciones de productos primarios y ante la imposibilidad de importar equipos e insumos logró un balance comercial positivo que le permitió acumular una cantidad importante de reservas de oro y divisas. Durante el gobierno del Gral. PERÓN (1946-1955) continuó el control de cambios con declaraciones y permisos previos para las importaciones y al mismo tiempo creció el mercado paralelo o marginal donde se canalizaban las divisas libremente, pero fuera del marco legal. Recién en 1958, pero por pocos años, se volvió a un mercado libre, y desde 1964 se sucedieron distintos mercados, nuevamente con uno o varios tipos de cambio fijo según las operaciones permitidas y con controles para la compra o venta de divisas.

Con excepción de algunos períodos, muy breves, la regla fue tipo de cambio fijo y control de cambios, hasta el dictado de la Ley de Convertibilidad.

La devaluación y sus consecuencias
Devaluación e inflación

Los aumentos del tipo de cambio en el país generalmente no son impulsados por una mayor demanda de divisas por el comercio exterior, sino por la demanda de una moneda fuerte por parte del público, al percibir que la moneda interna se depreciaba por la inflación o por la excesiva emisión. En esas circunstancias el Banco Central se enfrenta a una compra masiva de dólares hasta que se agotan sus reservas, aunque antes que esto se produzca cambiará el precio al que está vendiendo sus dólares: aumentará el tipo de cambio, devaluará la moneda nacional.

Ese aumento del tipo de cambio en la Argentina trae consecuencias particulares que responden a la estructura productiva del país. Las exportaciones difícilmente aumentan en el corto o mediano plazo porque la producción agropecuaria tiene sus tiempos vegetativos inamovibles y además no es fácil conseguir mercados exteriores. Las importaciones no disminuyen lo suficiente porque la mayor parte de las compras en el exterior son imprescindibles insumos o equipos para la industria que se siguen importando a un precio mayor. En una economía cerrada, sin competencia del exterior, ese mayor precio se traslada a otros productos y sube el precio de venta al consumidor final.

Pero en esta circunstancia también aumentan los precios de los productos exportables, aunque no tengan componentes importados, porque si el productor de commodities puede colocarlos en el exterior, es difícil que los destinen al mercado interno a un precio menor al que obtendrían afuera.

Hay otros factores que en esas circunstancias empujan el crecimiento de los precios. En un país con altas expectativas inflacionarias, que una década de precios estables no consiguió modificar, la noticia de una modificación cambiaria despierta los temores a la inflación y dispara el aumento en los precios por el lógico y racional comportamiento de "adelantarse" a la inflación. Por ese motivo no son iguales las consecuencias de una devaluación en la Argentina que en Brasil, por ejemplo.

El aumento generalizado de los precios reduce la cantidad real de dinero (su poder adquisitivo) creando iliquidez en la economía que provoca el alza de la tasa de interés con sus consecuencias negativas sobre la inversión y la producción. El alza de la tasa de interés normalmente atrae capitales del exterior, pero esto es difícil que ocurra en un contexto inflacionario y recesivo, en una economía con demasiadas regulaciones. Fue frecuente, en cambio, la salida de capitales y la compra de divisas por parte de los particulares como refugio del ahorro nacional, impulsando así nuevos aumentos del tipo de cambio.

Por otra parte, cuando una elevada proporción de las transacciones comerciales y los créditos y deudas de los particulares están contratados en dólares, una modificación del tipo de cambio puede ocasionar perjuicios patrimoniales que no son comunes en otros países con operaciones convenidas en sus respectivas monedas.

En los países desarrollados e industrializados una devaluación puede mejorar el balance comercial porque el mayor precio de los productos importados desalienta su compra y son fácilmente reemplazados en el mercado interno. La mejora del saldo en el comercio externo se consigue de esta forma por el llamado "efecto precio". En los países con menor desarrollo, en cambio, el mayor precio de las importaciones, como se vio, se traslada a todos los insumos importados y además determina el precio interno de los exportables. Ambos factores son impulsores de la inflación y fueron responsables de muchos de los procesos inflacionarios en la Argentina.

El aumento de precios tiene consecuencias en la moneda, en los salarios y en la producción. La inflación produce la caída de los salarios reales (por el aumento de precios disminuye el poder adquisitivo de los salarios nominales) con una redistribución regresiva de los ingresos (de los sectores asalariados hacia los relacionados con la exportación) que afecta directamente al consumo. Como el aumento de precios también reduce los saldos monetarios reales, aumentando la tasa de interés que afecta a la producción, la reducción del consumo y la recesión productiva en definitiva ayudan a equilibrar el balance comercial por la reducción de las importaciones. La reducción del desequilibrio externo se logra por vía del "efecto ingreso", pero a costa de recesión e inflación.

Esta situación tiene otras consecuencias sobre los ingresos del Estado. Como el gobierno recauda los impuestos, tasas y eventualmente tarifas, en pesos devaluados que habían fijado uno o dos meses antes, sus ingresos se ven disminuidos en la medida de la inflación. Este efecto, conocido como "efecto Olivera-Tanzi" [4], tiene importancia cuando la inflación es alta, porque la baja de ingresos equivale a mayor déficit fiscal.

---

(4) Los economistas JULIO OLIVERA y VITTORIO TANZI se ocuparon de explicar esta relación.

El tipo de cambio real

Cuando aumenta el tipo de cambio y en el mismo período suben los precios internos, los beneficios de la devaluación quedan reducidos por la depreciación de la moneda nacional. Al exportador le interesa el tipo de cambio real que determina sus ingresos en función de la variación del tipo de cambio nominal y la modificación de los precios de los bienes.

Al exportador del país "A", que vende sus productos en el país "B", le interesan, además del tipo de cambio nominal (que muestra la relación entre las monedas), los precios en ambos países. En este caso, el tipo de cambio real se expresa de la siguiente forma:

$$\text{T de C real} = P_B \cdot r \, / \, P_A \; {}^{(5)}$$

Un aumento de los precios en el otro país (P_B) significa un incremento del tipo de cambio real que favorece al exportador del país "A", porque puede colocar mejor sus productos. Un aumento de los precios nacionales (P_A) equivale a una baja del tipo de cambio real que perjudica al exportador, porque le será más difícil colocar sus productos con mayor precio.

Frecuentemente los aumentos del tipo de cambio nominal fueron acompañados por incrementos de los precios internos, que en definitiva amortiguaron o hasta llegaron a anular los efectos iniciales de la devaluación.

La inflación en la Argentina

Muchos de los procesos inflacionarios en la Argentina tuvieron como causa común la expansión monetaria combinada con un aumento del tipo de cambio (devaluación).

---

(5) r: tipo de cambio nominal.

P_A: índice de precios del país A.

P_B: índice de precios del país B.

La secuencia de este proceso, a menudo, tuvo su origen en problemas fiscales. Un déficit fiscal financiado con emisión monetaria conduce a una depreciación de la moneda; si además existe un tipo de cambio fijo, en algún momento el gobierno se verá obligado a modificarlo para evitar la pérdida de divisas. El aumento de precios, consecuencia de la devaluación, si es acompañado de una política monetaria expansiva termina con una alta tasa de inflación que deprecia la moneda (desmonetización) y crea nuevos requerimientos de emisión por parte del Estado, situación que impulsa nuevos aumentos de precios, con tasas de inflación cada vez mayores que promueven la repetición del ciclo déficit fiscal - emisión monetaria - devaluación - inflación - desmonetización.

La inflación en la Argentina tiene una larga historia: una vez abandonado el patrón oro en 1929, los gobernantes tuvieron menos impedimentos para modificar el mercado de cambios y la cantidad de moneda, y ya en 1930, bajo el gobierno de José Félix Uriburu, comenzó una desmedida emisión sin respaldo, cuyas consecuencias pronto pasaron a los precios. "Desde 1935 Argentina pasó el 60 % del tiempo con alta inflación", afirmó hace poco el presidente del Banco Central" (6). Con tasas de aumento de precios más benignas al principio (entre 1945 y 1950 los precios aumentaron 201 %), siguen con un sostenido ritmo ascendente hasta llegar en la década del ochenta a la hiperinflación (altísimas y descontroladas tasas de aumento de todos los precios). En 1984, se había llegado a una tasa de inflación de 668 % anual, y a mediados de 1985, la tasa anualizada alcanzó un límite superior al 6.000 %, que decidió al gobierno a tomar medidas de control de precios y austeridad fiscal —que incluyeron hasta el cambio del signo monetario (Plan Austral)—, las cuales redujeron la inflación para ese año a 385 %, y al 82 % para el siguiente. Pero la inflación no quedó eliminada, la escalada de los precios siguió con tasa anuales de 175 % (1987), 388 % (1988) y 4.923 % en 1989. En 1990, después del cambio de administración del gobierno nacional no se había logrado la estabilidad de precios (1.344 % para ese año) que recién se consigue con la Ley de Convertibilidad (abril de 1991).

---

(6) Cita de Alfonso Prat-Gay al inaugurar las Jornadas Monetarias y Bancarias de BCRA el 2 de junio de 2003

El mercado de cambios en la década del noventa
La convertibilidad

En diciembre de 1989 se decreta la libertad total del mercado de cambios. El Banco Central restablece un mercado de cambios único en el que pueden comprar divisas las empresas o los particulares sin ninguna restricción y con cualquier fin o destino, y se deja sin efecto la declaración jurada que tenía que hacer el comprador sobre el uso que daría a esas divisas. Comprar o vender moneda extranjera sin limitaciones ni condiciones fue una novedad en el mercado cambiario argentino de los últimos cincuenta años. En abril de 1991 se avanza aún más, a través de la eliminación de la obligatoriedad que tenían los exportadores de ingresar y negociar en el mercado oficial las divisas provenientes de las exportaciones dentro de los quince días posteriores a la fecha de embarque.

La total libertad del mercado de cambios no significó, como se verá, la liberación del tipo de cambio; por el contrario, éste quedó sujeto a una fuerte condición establecida por la Ley de Convertibilidad sancionada en abril de 1991.

La convertibilidad era un régimen monetario que obligaba al Banco Central a respaldar cada peso en circulación con un monto equivalente en oro y divisas, de manera de poder canjear un peso por un dólar. La misma ley prohibió utilizar las cláusulas de indexación que se habían generalizado para cualquier tipo de contrato, buscando desactivar este procedimiento que reactivaba la inflación. Más importante que la paridad del peso con el dólar era la obligación que se imponía a la autoridad económica de mantener el valor de la moneda, quedando vedada la emisión monetaria para financiar al sector público, y éste fue el principal factor que paralizó la inflación ([7]).

---

(7) La relación 1 a 1 no significaba que la Argentina tuviera el mismo nivel de precios que los EE.UU. El precio que se establece para la unidad monetaria es una decisión interna, y el verdadero valor es su poder adquisitivo. Para explicar esto se podría suponer que en ocasión de la última reforma del signo monetario cuando se cambió el austral por el peso, si en lugar de eliminar cuatro dígitos sólo se hubieran sacado tres, la relación del tipo de cambio hubiera sido r = $ 10 / u$s 1, pero en tal caso un diario en lugar de $ 1 valdría $ 10 y un automóvil en lugar de $ 20.000 valdría $ 200.000. Esto sería sólo un cambio de notación que en nada alteraría las relaciones económicas.

La inflación que acompañó la economía argentina durante casi medio siglo quedó así abruptamente frenada al mantenerse esa obligada relación entre el circulante en pesos y las reservas. A eso ayudó, sin duda, una economía abierta que posibilitó la entrada de bienes que compitieron en el mercado interno impidiendo cualquier suba de precios.

Pero la estabilidad monetaria no significó la solución de todos los problemas de la economía argentina, algunos de vieja data y otros, como el desempleo, que comenzaron a preocupar a partir del inicio de la década del noventa. La Ley de Convertibilidad significó un poco ortodoxo pero necesario "corsé" para gobernantes poco inclinados a la austeridad fiscal y monetaria. Pero no cerró todas las brechas, y el déficit fiscal, antes financiado con emisión de moneda, se comenzó a apuntalar con deuda pública por medio de la colocación de títulos públicos.

El crecimiento de la deuda pública durante la década del noventa fue responsable de mantener una elevada tasa de interés que en un contexto de estabilidad de precios no posibilitó la reestructuración de pequeñas y medianas empresas con dificultades para el acceso al crédito y atrasadas tecnológicamente. Siendo el Estado el principal demandante de crédito, la tasa de interés no bajó lo suficiente como para permitir al sector privado una mayor toma de préstamos para inversión. Es posible que el aumento del déficit público y la deuda hayan neutralizado el crecimiento de la productividad que las privatizaciones y la desregulación de muchas actividades habían promovido al inicio de la década.

Si bien la convertibilidad resultó exitosa en el control de la inflación, su mantenimiento en épocas de estabilidad monetaria y menores expectativas inflacionarias limitó la liquidez de la economía y las posibilidades de crédito, cuando disminuyó la entrada de capitales del exterior. Esto se debió al mecanismo impuesto por la Ley de Convertibilidad, que sólo permitía aumentar la oferta monetaria cuando crecían las reservas internacionales (con la intención de evitar la emisión monetaria sin respaldo). Durante la década del noventa los ingresos de capitales eran superiores al déficit de la cuenta corriente del balance de pagos [8] por lo cual aumentaron las reservas internaciona-

---

(8) Ver evolución del balance de pagos en el cap. VII, cuadro 1.

les y, por lo tanto, la oferta monetaria, lo que impulsó un incremento de la demanda y de la producción; pero cuando comenzaron a ingresar menos capitales se redujo la liquidez, sin oportunidad de aplicar alguna medida de expansión monetaria. Esto abre un debate sobre la necesidad de las políticas monetarias y los límites, y la prudencia que se requiere para no caer nuevamente en la solución fácil de la emisión.

Relación entre el tipo de cambio y la tasa de interés

En una economía abierta y con libre movimiento de capitales, existe una relación directa entre la tasa de interés interna y las del exterior. Los inversionistas decidirán su negocio según el rendimiento de los activos; preferirán los títulos nacionales en la medida en que la tasa de interés sea superior a la del exterior, en caso contrario, los compradores de títulos, y los capitales, se dirigirán hacia activos externos más atractivos. Este movimiento de los capitales es el que marca la relación entre la tasa de interés y el tipo de cambio porque al entrar capitales por una tasa de interés favorable, se aprecia la moneda interna y disminuye el tipo de cambio. Si la tasa de interés del exterior es más atractiva que la nacional, saldrán capitales depreciándose así la moneda nacional, impulsando el alza del tipo de cambio [9].

---

(9) De acuerdo con la teoría económica la tasa de interés interna debe ser aproximadamente igual a la tasa de interés del exterior más la tasa esperada de depreciación de la moneda (variación del tipo de cambio): si los operadores confían que no se modificará el tipo de cambio, ambas tasas de interés deben ser similares. Si la tasa de interés es muy superior a la que se puede obtener en el exterior, hay entrada de capitales y se aprecia la moneda nacional presionando a la baja del tipo de cambio (es un corrimiento hacia la derecha de la curva de oferta de divisas en el gráfico 1).

Cuando la tasa de interés del país es inferior a la del exterior, los capitales buscan afuera mayor rendimiento, hay salida de capitales (la curva de oferta de divisas se corre hacia la izquierda) se deprecia la moneda y por lo tanto sube el tipo de cambio.

En un mercado con tipo de cambio flexible, éste se acomodará entonces según las fluctuaciones de la tasa de interés y del flujo de capitales. Un aumento de la tasa de interés interna provocará la baja del tipo de cambio, siempre que no existan trabas al libre movimiento de los capitales ni otros factores que desalienten su entrada. En la primera mitad de 2003, la tasa de interés, a pesar de haber disminuido respecto de 2002, se mantuvo alta en comparación con la del exterior y esto habría ocasionado entrada de capitales de corto plazo (recordar que la Reserva Federal de los Estados Unidos había bajado el tipo de referencia al 1 % anual, el nivel más bajo de los últimos 45 años); el gobierno, preocupado por evitar que baje el tipo de cambio, trató de limitar el ingreso con el decreto de control de capitales comentado en el capítulo anterior, aunque otros entendían que el exceso de divisas en realidad respondía al superávit comercial que tenía el país desde 2002 por la abrupta caída de las importaciones, la baja en la inversión, pública y privada, y la falta de pago de las deudas al exterior por parte del Estado y de particulares.

Con tipo de cambio fijo, si el Banco Central quiere mantener el tipo de cambio debería mantener también sin modificación la tasa de interés interna, y para que ello ocurra también debe mantener inalterada la oferta monetaria. Por ese motivo, con tipo de cambio fijo, la autoridad económica tiene limitada la política monetaria. Si el Banco Central realizara una operación de mercado abierto, compra de títulos públicos en el mercado, esto produciría un aumento de la cantidad de dinero en manos del público, mayor liquidez que tendería a bajar la tasa de interés y presionaría al alza el tipo de cambio. Para evitar ese aumento tendría que intervenir el Banco Central vendiendo dólares (a cambio de pesos) y bajaría nuevamente la cantidad de dinero a su nivel inicial. La Ley de Convertibil·dad, que corresponde a un tipo de cambio fijo, justamente para mantener la paridad establecida prohibía la política monetaria y sólo se podía emitir moneda si aumentaban las reservas.

En la década del noventa ingresaron capitales atraídos por el margen positivo entre las tasas de interés locales y las del exterior y con un escenario de tranquilidad monetaria y cambiaria, pero esas tasas muy altas resultaron perjudiciales para el sector productivo que necesitaba reconvertirse con crédito accesible.

Política monetaria y tipo de cambio

Una de las conclusiones de lo expuesto en este capítulo sería que la política monetaria está fuertemente subordinada a la política cambiaria. Para mantener el equilibrio macroeconómico, no se pueden modificar, sin causa, las variables monetarias (cantidad de dinero y tasa de interés), dejando inalterado el tipo de cambio. Cuando las autoridades económicas olvidan esta relación, surgen alternativamente los desequilibrios en el sector interno o en el externo.

Como se explicó en el capítulo anterior, un aumento de la cantidad de dinero produce una baja de la tasa de interés que estimula la inversión y la producción. Pero el incremento de la cantidad de dinero produce un crecimiento de la demanda agregada que empuja a la suba de precios, que disminuye la cantidad real de dinero (M/P), que a su vez impulsa el aumento de la tasa de interés nominal ("efecto Fischer"). En la Argentina, como en cualquier país donde el público mantiene altas expectativas inflacionarias, se potencia el aumento de precios por las compras de la gente para "adelantarse" a la inflación.

En una economía abierta, con libre movimiento para la entrada y salida de capitales, y con tipo de cambio flexible, los aumentos de los precios y de la tasa de interés impulsan la baja del tipo de cambio. En efecto, la suba de precios desmejora el tipo de cambio real y la tasa de interés más alta, vía mayor entrada de capitales, presiona a la baja el tipo de cambio nominal.

Con tipo de cambio fijo, la variación de la tasa de interés, al modificar la cantidad de dinero, altera la relación entre la tasa de interés interna y la del exterior, y por lo tanto induce cambios en los flujos de capitales que presionarán sobre el tipo de cambio. Por lo tanto, en estas condiciones (con libre movilidad de los capitales) existe una relación directa entre la tasa de interés interna y el tipo de cambio que impide aumentar la cantidad de dinero sin consecuencias en el resto de la economía.

Es cierto que con alta inflación e incertidumbre económica es difícil conocer los niveles reales de la tasa de interés y del tipo de cambio porque ambas variables están afectadas o por la inflación esperada o por las expectativas. La tasa de interés nominal incorpora componentes como la inflación esperada, la morosidad de los deudores y las expectativas de cambio en las reglas de juego, que hacen difícil comparar la tasa interna con la del exterior. Algo similar sucede con el tipo de cambio que en esas circunstancias ya no sólo refleja una normal demanda y oferta de divisas, sino que agrega las expectativas de depreciación de la moneda interna.

El riesgo país

Con expectativas de devaluación, la tasa de interés tuvo un comportamiento atípico. En esas circunstancias la colocación de títulos públicos en pesos es muy difícil porque los inversionistas del exterior requieren una muy alta tasa de interés que compense el aumento esperado del tipo de cambio ([10]).

A esto se debe agregar la sobretasa que exigían por las expectativas de incumplimiento en el pago (default) de los bonos emitidos en pesos o en moneda extranjera. Recordar que pagar un precio muy bajo por los bonos es equivalente a exigir una tasa de interés muy elevada. El riesgo país se mide por esa sobretasa que debe pagar un título del país comparada con la tasa de interés de un bono de igual plazo y características del Tesoro de los EE.UU. y se calcula en puntos básicos ([11]).

El riesgo país es un indicador de los problemas internos, pero al mismo tiempo es generador de nuevos y más graves inconvenientes cuando su señal de peligro frena el flujo de capitales y el país queda sin financiamiento externo.

---

(10) La relación de tasa de interés es:

$$i = i^* + re$$

i = tasa de interés nacional.
i* = tasa de interés externa.
re = variación del tipo de cambio esperado.

(11) Ejemplo de cálculo del riesgo país (en 2000):

Interés de un título argentino, a largo plazo: 14,05 %
Bono similar del Tesoro de los EE.UU.: 5,80 %
Sobretasa a pagar por el bono argentino: 8,25 %, **lo que equivale a 825 puntos básicos.**

En 2002 (después del default), se llegó a superar los 6.000 puntos básicos.

Calificadoras de riesgo

Los inversores del exterior tienen otras fuentes de información, y entre las más influyentes están las evaluaciones de las agencias internacionales de riesgo o "calificadoras de riesgo" que tratan de reflejar el comportamiento macroeconómico de un país. Cada calificadora tiene su propio criterio para el análisis de la situación económica y otorga distinto peso o importancia relativa a los indicadores que toma en consideración para definir la nota que le adjudicará al país bajo su análisis, pero hay ciertos criterios básicos comunes en esos estudios que se resumen a continuación.

Un primer índice es el desarrollo económico alcanzado por el país, su riqueza, que garantiza su capacidad de pago. Interesa aquí el PBI per cápita, el grado de desarrollo de sus sectores productivos y su sistema financiero. Según este análisis, se establece la posición relativa del país en el contexto mundial, ubicándolo como nación desarrollada, en desarrollo o subdesarrollada.

Un segundo análisis muestra el grado de crecimiento o actividad en la actualidad. Se consideran las tasas de crecimiento del producto, del ahorro interno y de la inflación. Generalmente una elevada inflación o una prolongada recesión son motivo de preocupación para los inversores.

Otros análisis se centran en los desequilibrios macroeconómicos que se consideran más importantes: el resultado del sector público (déficit fiscal) y el déficit de la cuenta corriente del balance de pagos, especialmente por su repercusión sobre las reservas internacionales del país. Por último, es relevante en la calificación, la estructura del endeudamiento público, el perfil de los vencimientos y la historia sobre los cumplimientos de pago del país.

Una baja calificación alerta a los inversores del exterior sobre posibles problemas, por lo que abstendrán de prestar dinero (comprar bonos) o lo harán a una tasa de interés muy alta (comprarán bonos a un precio muy bajo), y estas actitudes del conjunto de los inversionistas empeoran la posición del país porque limitan su acceso al crédito, lo cual hace disminuir la inversión y la producción.

Dólar vs. euro

El dólar no es solamente la moneda de referencia de los argentinos, sino que se utiliza en el mundo como indiscutido medio de cambio. La demanda de dólares le permite a los Estados Unidos pagar sus deudas sin temor al rechazo de su moneda e incluso financiar sin problemas su elevado déficit fiscal.

A partir de enero de 1999 comienza a cotizarse el euro, la moneda de los países de la Unión Europea que, desde un precio inicial de u$s 1,20, se fue depreciando, hasta llegar a su valor más bajo en octubre de 2000 (u$s 0,8525) para recuperarse en 2002 y 2003, fluctuando cerca de su valor inicial ([12]).

Como la Argentina tiene cerca del 30 % de sus exportaciones dirigidas a países de la zona del euro, se analizan las consecuencias de estas alteraciones en el valor de las monedas. Hasta fines de 2000, la baja en el valor del euro significó un aumento del tipo de cambio (una devaluación) de cerca del 30 % ([13]).

Un aumento del tipo de cambio favorece las exportaciones y encarece las importaciones, y esto es lo que sucedió: los países europeos se beneficiaron con mayores exportaciones pero el aumento de los precios de los productos importados (petróleo, por ejemplo) introdujo presiones inflacionarias que no permitieron bajar la tasa de interés. Para la Argentina, en cambio, la relación de cambio perjudicó las exportaciones; la apreciación del dólar significó la apreciación del peso.

Desde 2003 la relación es más favorable al comercio argentino ([14]). Es de esperar que la demanda de los países europeos se mantenga para que se traduzca en mayores compras efectivas.

---

(12) Los países de la Unión Europea que utilizan el euro son: España, Francia, Alemania, Italia, Portugal, Holanda, Bélgica, Luxemburgo, Finlandia, Grecia, Irlanda y Austria. No aceptaron el cambio de su moneda: Gran Bretaña, Suecia y Dinamarca. El 1/5/04 la Unión Europea incorporó a Chipre, la República Checa, Estonia, Hungría, Letonia, Lituania, Malta, Polonia, Eslovaquia y Eslovenia, pasando a tener veinticinco miembros.

(13) Para comprender esto conviene presentar el tipo de cambio para Europa con la misma notación aquí utilizada: 1 euro = U$S 1,20 significa en términos de dólar 0,83 euros (1:1,20) r = € 0,83 / U$S 1.

Para noviembre de 2000: 1 euro = U$S 0,85 r = ¤ 1,18 / U$S 1.

(14) En el segundo semestre de 2003 el euro comenzó una marcha ascendente revalorizándose frente al dólar por arriba de su valor inicial.

La relación de cambio no es la única amenaza que tiene el dólar. Algunos países (comenzaron los productores de petróleo) pretenden cobrar y pagar en euros. Si el euro se reconoce como medio de cambio internacional sería una dura competencia para el dólar, pero para que esto ocurra las economías de la eurozona tendrían que mantener un crecimiento sostenido que todavía no se observa. Según el Banco Central Europeo actualmente el euro se utiliza en esa zona para el 50 % de las exportaciones y el 45 % de la importaciones, pero en el concierto internacional su participación no alcanza al 15 %, aunque en alza; el dólar todavía es la moneda de pago preferida y la divisa mayoritariamente utilizada como reserva de divisas por los bancos centrales de todo el mundo. En la medida en que mejore la economía de los países europeos y el fortalecimiento del euro sea sostenido podrían modificarse estas relaciones y el mundo podría inclinarse hacia un bimonetarismo como en su momento existió con la libra esterlina y el dólar.

Capítulo **VI**

La gran crisis argentina

Sus inicios

El año 1998 había sido el último de un buen período de crecimiento de la economía argentina que justamente marcó un récord en la cifra del producto bruto interno que fue acompañada de aumentos igualmente destacados en las inversiones y en las exportaciones. A fines de ese año comenzó una desaceleración del crecimiento que se transformó en una grave y extensa crisis económica.

Sus inicios tienen relación con un shock externo que fue la suma de la crisis en los países del sudeste asiático, el default declarado por Rusia para su abultada deuda externa y la devaluación del real en Brasil; ese conjunto de acontecimientos redujeron el flujo de capitales internacionales y los hicieron más selectivos. Sin embargo, las inconsistencias internas son las que agravaron la situación y no permitieron hacer frente al nuevo escenario externo.

En los primeros años de la década del noventa aumentó la recaudación y entraron ingresos extraordinarios por las privatizaciones, pero a partir de 1994 volvió el déficit fiscal que, como no podía ser revertido con emisión monetaria —porque lo prohibía la Ley de Convertibilidad—, comenzó a ser financiado con emisión de títulos públicos (endeudamiento público). La deuda total equivalía en 2001 al 50 % del producto bruto, un porcentaje demasiado alto para un país donde las exportaciones apenas alcanzan al 10 % del producto, pero no inusual comparado con otros países que mantienen un endeudamiento más elevado. El problema crítico consistió en la dificultad en conseguir tazas razonables para la colocación de nueva deuda por la falta de confianza de los inversores del exterior.

Las expectativas de la gente volvieron a jugar un papel preponderante en el desarrollo de la crisis al final de los noventa: la desconfianza por falta de transparencia en las acciones del Estado, una inoportuna reforma constitucional y arreglos políticos para permitir la reelección presidencial, son hechos que influyeron decididamente en la vida económica. La inseguridad sobre el mantenimiento y la continuidad de las reformas económicas iniciadas en los primeros años de la década y el temor a la reducción del financiamiento externo paralizaron la inversión.

En estas circunstancias, el resultado fiscal tiene una importancia crucial. El aumento del gasto público y la baja en la recaudación impulsaron un elevado déficit fiscal. Si bien el gasto primario mantuvo su proporción con respecto al producto, las privatizaciones y las reformas fiscales iniciadas tendrían que haber reducido el gasto público. Es cierto que la baja en la recaudación tiene su explicación en la reforma previsional que desvió aportes hacia las AFJP y redujo la deuda del Estado con los jubilados, pero en ese período no se tomaron medidas serias para mejorar el gasto público ni por evitar la enorme evasión impositiva, variables que provocaron la reaparición del déficit fiscal. Cuando el riesgo país es alto, es decir, cuando es mucha la desconfianza de los operadores económicos sobre el país y sus gobernantes, existe una sensibilidad muy elevada a las variaciones de las reservas o a un aumento del déficit público; un mayor déficit puede así crear mayor incertidumbre y promover nuevos aumentos del riesgo país, que a su vez dificultan aún más la financiación de nuevas emisiones de títulos públicos. El financiamiento con endeudamiento fue soportable mientras las condiciones externas eran favorables (precios agrícolas en alza y abundancia de capitales); al cambiar la tendencia por el shock externo y al no mejorar la situación fiscal interna se paralizó el crecimiento.

Con el nuevo siglo

Las indefiniciones de la administración que surgió de los comicios de 1999 y la crisis política posterior acrecentaron las expectativas negativas dentro y fuera del país y profundizaron la crisis en 2001.

El debate interno sobre el posible incumplimiento de la deuda y los intentos de renegociación del pago de los intereses y las amortizaciones, empujaron el riesgo país hasta extremos impensados e hicieron prácticamente imposible la colocación de nuevos títulos públicos en el exterior.

Las empresas privadas tampoco pudieron conseguir crédito externo en estas condiciones y el financiamiento local es absorbido por el Estado con el consiguiente aumento de la tasa de interés. Esto redujo la actividad, bajaron en consecuencia la recaudación y los ingresos del Estado, lo que obligó a un mayor endeudamiento, que ya no era posible.

La salida de depósitos bancarios y la caída de las reservas internacionales mostraba que el Estado tampoco tenía posibilidades de financiarse localmente y que los bancos estaban en una grave situación de iliquidez. La pérdida de depósitos comenzó a ser más pronunciada a partir de los últimos meses de 2000, después de la renuncia del vicepresidente de la Nación. El ministro de Economía, JOSÉ LUIS MACHINEA, consiguió una ayuda financiera, que se denominó "blindaje", que consistía en aportes de bancos y organismos internacionales para 2001 y 2002, pero en marzo de 2001 las expectativas de default produjeron una salida récord de depósitos ($ 5.500 millones en un mes) que forzaron la renuncia del ministro que fue reemplazado por RICARDO LÓPEZ MURPHY, quien inmediatamente anunció una reducción del gasto en dos mil millones de pesos; esto trajo fuerte resistencia en los ámbitos políticos y dentro del mismo gobierno, por lo cual a los pocos días fue reemplazado por DOMINGO FELIPE CAVALLO, que en sus nueve meses al frente del Ministerio de Economía se ocupó prioritariamente de la deuda pública, ofreciendo operaciones de canje y megacanje (canje por préstamos garantizados por impuestos federales) en un intento —no logrado— de reducir la carga de la deuda y cambiar las expectativas para frenar la salida de depósitos. A fines de diciembre de 2001 estableció la indisponibilidad de todos los depósitos bancarios y colocaciones financieras por el término de 90 días.

En ese año no sólo bajaron los depósitos bancarios, sino que también se perdieron reservas internacionales del Banco Central (oro, divisas y colocaciones a plazo), y esto no se debió a un déficit comercial ya que en 2001 la balanza comercial arrojó un superávit de u$s 6.343 millones, repitiendo un saldo positivo del año anterior (u$s

2.558 millones). La caída en las reservas de divisas en 2000 y 2001 tiene otros motivos ([1]).

Durante la década del noventa las reservas aumentaron en consonancia con la entrada de capitales, que compensaron los saldos negativos de la cuenta corriente del balance de pagos. El cuadro 1 muestra las variaciones anuales de las reservas en los últimos diez años.

1992	+ 3.287
1993	+ 4.238
1994	+ 682
1995	- 102
1996	+ 3.882
1997	+ 3.273
1998	+ 3.438
1999	+ 1.201
2000	- 439
2001	- 12.083
2002	- 4.516

Ministerio de Economía. Información económica. Estimaciones del balance de pagos.

Cuadro 1. Variación de reservas internacionales (en millones de dólares).

Para 2001 el pago de intereses de la deuda volvió, como en años anteriores, a provocar el resultado negativo de la cuenta corriente que ese año ya no se pudo compensar con el ingreso de capitales del exterior. El motivo de la pérdida de reservas debe buscarse en el financiamiento del déficit fiscal y en la desconfianza del público en su moneda.

En diciembre de 2001 renuncia el Presidente de la Nación. Su primer reemplazante, elegido por el Congreso Nacional, declara la cesación de pagos (default) de la deuda pública y pocos días después,

---

(1) Un informe de la Comisión Investigadora de Fuga de Divisas de la Cámara de Diputados, conocido en setiembre de 2003, revela que en 2001 detectaron transferencias de divisas al exterior por 15.915 millones de dólares por parte de empresas y particulares. Esto repite un comportamiento normal en momentos de gran incertidumbre (en 1995 habían salido 13.326 millones de dólares que se recuperaron rápidamente al normalizarse la situación interna e internacional).

otro Presidente también surgido de acuerdos políticos en la legislatura nacional, deja sin efecto la Ley de Convertibilidad, produce una devaluación del 40 % y amplía la indisponibilidad de los depósitos bancarios, convirtiendo en pesos (indexados pero devaluados) los dólares que la gente tenía en cajas de ahorro o plazo fijo.

Salida de la convertibilidad y evolución del tipo de cambio

En los primeros días de enero de 2002 quedaron sin efecto las principales disposiciones de la ley de convertibilidad: la relación 1 a 1 del peso con el dólar y la prohibición de emitir dinero por parte del Banco Central. El gobierno fijó la paridad oficial del dólar a $ 1,40, pero rápidamente la cotización del mercado paralelo o marginal superó esa paridad producto de las expectativas y la inseguridad de la gente que hicieron exigir un respaldo muy superior al 100 % de todos los pasivos pesificados. Poco después se libera el tipo de cambio, y la cotización en marzo alcanzó los cuatro pesos, una depreciación de la moneda de cerca del 300 % consecuencia del pánico de los operadores más que por razones económicas. Junto con la modificación cambiaria se vuelve a los controles de cambio; se impuso la identificación del comprador de divisas extranjeras, límites a su compra y la restricción de los giros al exterior, aun para el pago de deudas privadas. También se se restablecieron las retenciones a las exportaciones de origen agropecuario y la obligación a los exportadores de vender al Banco Central la totalidad de las divisas provenientes de sus operaciones, disposiciones que habían quedado sin efecto diez años antes.

La cotización del tipo de cambio fue bajando hasta cerca de tres pesos a fines de 2002 con gran inestabilidad producto no sólo del mercado, sino también de las frecuentes intervenciones del Banco Central, vendiendo dólares a principios del año para evitar que aumente, o comprando dólares para recuperar reservas y sostener su valor como sucedió a final del año; si la cotización del dólar es baja, se reducen los ingresos del gobierno por ser menores las retenciones a las exportaciones, el gravamen reinstalado ese año, éste es el motivo de los intentos oficiales por mantener su valor.

Cuando se maneja discrecionalmente el tipo de cambio (con cambio fijo o con flotación sucia) se plantea la incógnita sobre el nivel ideal para favorecer el crecimiento del país: un tipo de cambio alto (una moneda nacional débil) o un tipo de cambio bajo (una moneda interna fuerte). Ésta es la disyuntiva que enfrenta a muchos economistas.

Un aumento del tipo de cambio, como ya se ha visto, favorece las exportaciones y esto estimula la demanda agregada, por eso algunos opinan que un cambio elevado al encarecer las importaciones promueve la sustitución de importaciones y la producción, favorece el turismo y baja el costo laboral por la reducción de los salarios reales.

Un tipo de cambio bajo, o una moneda nacional fuerte, ayuda a mantener la tasa de interés baja que promueve un aumento genuino de la demanda agregada al favorecer la inversión y la producción; elimina uno de los principales factores de inflación, generando así aumentos en el consumo, y abarata los insumos importados, permitiendo incorporar tecnología y mejorar la producción.

Es posible que con un dólar alto se beneficien los sectores fundamentalmente exportadores y las industrias mano de obra intensivas que con la ventaja cambiaria pueden disimular ineficiencias y convertir en competitivas a empresas que en condiciones normales no lo serían. Pero cualquier empresa en algún momento necesitará una actualización tecnológica o un cambio de máquinas o equipos cuya adquisición le será difícil por la cotización del dólar y por la elevada tasa de interés. En la Argentina, después de la devaluación, el único factor que favoreció algunas actividades fue un tipo de cambio muy alto que no fue suficiente para compensar los perjuicios de la falta de crédito y otros factores que impiden el crecimiento [2].

---

(2) La mejora de la competitividad no se consigue sólo con un tipo de cambio alto: el Instituto Internacional por el Desarrollo Gerencial, de Lausana, Suiza, produce anualmente un ranking mundial de competitividad integrado por treinta países con más de veinte millones de habitantes. Sus últimos informes muestran la caída de la Argentina en este ranking:

Año	Posición
1999	15°
2000	22°
2001	23°
2002	26°
2003	29°

La clasificación de los países en el índice tiene en cuenta distintas variables relacionadas con el desempeño de cada país, su comercio, crecimiento del producto, eficiencia, transparencia de las políticas gubernamentales y sistema educativo.

Un cálculo teórico se puede establecer con la relación entre las reservas internacionales y la base monetaria (circulación monetaria más encajes bancarios). Para los primeros días de 2004, el cálculo, en millones de pesos, sería el siguiente:

Circulación monetaria	29.300
Encajes en BCRA	17.600
Base monetaria	**46.900**
Reservas internacionales U$S	14.500

Con ese nivel deprimido de reservas, el dólar tendría que cotizarse alrededor de $ 3 para que respalde el 100 % de los pasivos del Banco Central. En la medida en que aumentan las reservas, baja el valor de la relación de cambio. Por ejemplo, para el nivel de reservas que tenía el país previo a la crisis política del año 2001 (u$s 33.830 millones el 28/2/01) la relación estaría muy cerca a 1 a 1,4 (3).

Aún suponiendo que el tipo de cambio que regía en 2001 no fuera muy diferente de la paridad un peso un dólar, la cotización actual nunca podría ser la misma por la inflación interna (que depreció la moneda), por las devaluaciones competitivas de los países vecinos (que también afectan al tipo de cambio nacional) y por los problemas internos no resueltos que impulsan las expectativas del público. Pero una relación del dólar superior a $ 3 parece mostrar una subvaluación del peso, que tiene sus costos.

El índice Big Mac preparado por la revista The Economist (4), que muestra los precios de la hamburguesa de McDonald's en todos los países donde opera esa firma, muestra que la Argentina es el país donde resulta más barato comer ese producto, por debajo de los precios de China, Filipinas, Rusia y todos los países latinoamericanos. Este índice creado en 1986 tiene su sustento teórico en los cálculos basados en la paridad del poder adquisitivo (PPA) (5) en los que se tiene en cuenta un conjunto de bienes comunes producidos en distintos

---

(3) Para el cálculo de una convertibilidad total de pesos a dólares otros cálculos agregan a la base monetaria un porcentaje del dinero transaccional (cuenta corrientes más cajas de ahorro) que eventualmente podría volcarse a la compra de dólares. Esto arrojaría, por supuesto, un valor superior para la relación de cambio.

(4) Publicado por la revista inglesa The Economist el 23/1/03.

(5) Sobre la elaboración del cálculo del PPA puede consultarse *Macroeconomía* de OLIVIER BLANCHARD y DANIEL PÉREZ ENRRI, Prentice Hall. 2000.

países. Estos cálculos tienen la finalidad de una comparación más homogénea de los tipos de cambio, pero requiere una base de información amplia y actualizada que resulta difícil tener disponible y por ese motivo existe este sustituto, muy parcial, con la conocida hamburguesa.

Por otro lado, el valor del tipo de cambio está supeditado a la resolución definitiva del pago de la deuda y sus intereses y también de la normalización de las importaciones al recuperarse la producción. Es razonable esperar que esta mayor demanda de divisas vaya acompañada de un aumento en la oferta y un cambio en las expectativas.

En la medida en que el tipo de cambio se mantenga elevado habrá que convivir con salarios reales bajos porque se mantendrán altos los precios de los insumos importados y el de los alimentos que son bienes exportables; también se mantendrá alto el precio relativo capital-trabajo que disminuye las posibilidades de inversión. Un tipo de cambio alto se podría mantener con mayor apertura económica que incentivaría la demanda de dólares evitando así la compra de divisas por parte del Banco Central manteniendo una austera política fiscal y monetaria; ésta fue la política seguida por países que privilegiaron tener un tipo de cambio competitivo sin afectar demasiado los precios internos (al bajar los aranceles de las importaciones). Pero tan importante como el valor adecuado es contar con un tipo de cambio estable y previsible. La volatilidad cambiaria es dañina para la inversión y la producción por la inseguridad y por su relación con la tasa de interés.

En 2003 se tomaron una serie de medidas tendientes a restablecer alguna libertad en el mercado cambiario con el objetivo de incrementar la demanda de divisas: se aumentó el límite de compra en dólares, se permitió a las entidades financieras tener más dólares en cartera, se aumentó el límite mensual para giros al exterior, se levantaron restricciones para el pago de importaciones y se flexibilizó la obligación a los exportadores para liquidar divisas de sus operaciones. Sin embargo, estas medidas no condujeron a una mayor cotización del dólar, como tampoco las restricciones a su negociación en 2002 fueron útiles para mantener su valor, mostrando una vez más que los controles de cambio son poco eficaces para modificar las decisiones de compra y venta de divisas que toman los operadores del mercado. La preocupación manifestada por el Ministerio de Economía en 2003 por evitar que caiga demasiado el tipo de cambio, tiene dos justificaciones: una fiscal, porque al bajar el valor del dólar se reduce la recaudación de las retenciones a las exportaciones gravadas, y la otra por la presión de algunos sectores en busca de protección al reducirse la competitividad de sus exportaciones ([6]).

La situación monetaria

Como se explicó en el cap. IV, la característica de la situación monetaria argentina hasta fines de 2001 fue el paulatino crecimiento de los depósitos en el sistema financiero, con fuerte participación de las cuentas en dólares; a partir de entonces comienza la caída de los depósitos con mayor dolarización (en cuentas de ahorro y depósitos a plazo fijo). En noviembre de 2001, antes de la renuncia del gobierno nacional, sólo el 28 % de los depósitos estaban en pesos y en el año se habían perdido el 20 % de los depósitos totales, pero más grave aún era que se estaba acelerando la fuga de depósitos y los bancos ya no tenían liquidez.

El dinero depositado en los bancos, en dólares, había sido destinado a otorgar créditos a particulares, a empresas y al gobierno, también en dólares ([7]). La función de los bancos, y su negocio, es captar depósitos y prestar dinero; sería irracional atesorar el dinero sin prestarlo porque no generaría ganancias al banco.

Si los bancos devuelven los ahorros de sus clientes en la moneda de origen, como corresponde, deben cobrar sus créditos en igual forma. Pero como consecuencia de la pesificación dispuesta por el gobierno en enero de 2002, los deudores en dólares pagan en pesos

---

(6) Las exportaciones que ganaron competitividad exclusivamente por la modificación cambiaria, rápidamente la pierden por la inflación interna (se reduce el tipo de cambio real), por la recuperación del tipo de cambio de Brasil (destino del 20 % de las exportaciones argentinas, de las cuales el 50 % eran manufacturas de origen industrial) y por la baja del valor del dólar. Muchos productores textiles, por ejemplo, se quejan nuevamente porque, según dicen, ya perdieron toda la ventaja que les había dado la devaluación.

(7) La única obligación de los bancos era mantener reservas por el 20 % de sus depósitos. El 80 % fue prestado.

más una compensación e indexación. Los bancos no recibieron los dólares prestados que a su vez tendrían que devolver a sus clientes ahorristas. Ésta es la consecuencia de una pesificación asimétrica que produjo conflictos aún no resueltos.

Los ahorros del público y de las empresas que quedaron confiscados en los popularmente denominados "corralito" y "corralón" (8) fueron progresivamente liberados, por disposiciones oficiales (en pesos) o por recursos o amparos judiciales (en dólares). Los depósitos reprogramados que a mediados de 2002 llegaban a $ 30.000 millones, a fin del mismo año estaban en $ 14.000 millones aproximadamente. A principios de 2003 muchos bancos optaron por su devolución anticipada en pesos (incluyendo el factor de corrección) y en marzo el gobierno dispuso un cronograma para su devolución en pesos compensando con un bono a diez años la diferencia con el valor del dólar.

En el primer semestre de 2002 la política monetaria tuvo como principal finalidad controlar el tipo de cambio una vez adoptado el sistema de flotación sucia. Su análisis sirve de ejemplo para mostrar la fuerte relación que existe entre las variables monetarias y el tipo de cambio y para comprobar que no es fácil prever el comportamiento del público y de los distintos factores que pueden modificar los resultados esperados.

El Ministerio de Economía reprogramó los depósitos bancarios y estableció metas de emisión monetaria dentro de un plan para evitar la fuga hacia el dólar. Las metas no se cumplieron, la expansión de la base monetaria fue mucho mayor a la prevista, pero no se logró frenar la demanda de dólares ni la suba del tipo de cambio en ese primer semestre. La expansión de base monetaria se produce por dos motivos: primero, por la emisión de pesos por parte del Banco Central para asistir con redescuentos a los bancos con dificultades financieras (entre ellos, el Banco Nación), porque la caída de los depósitos también fue mayor a la esperada y, segundo, para financiar al Esta-

---

(8) El "corralito" dispuesto por el gobierno en noviembre de 2001 limitaba el uso en efectivo de los depósitos por 90 días (se podían hacer transacciones por cheque o con tarjetas de crédito y débito).

El "corralón" se llamó a la indisponibilidad total de los depósitos, que fueron reprogramados para su devolución en pesos y en cuotas cuyo monto y cantidad dependía del monto original del depósito.

do (Adelantos al Gobierno). El exceso de emisión de dinero se volcó a la compra de dólares que empujó el alza del tipo de cambio.

Con esa experiencia, la política monetaria en el segundo semestre fue más prudente y evitó que la inflación fuese mayor. El criterio adoptado por el Banco Central fue que con tipo de cambio flotante, la oferta de dinero debía controlarse y limitarse la expansión del crédito interno, en especial la financiación del sector público. Un importante factor de absorción de dinero fue la colocación de letras del Banco Central (LEBAC) como alternativa a la compra de dólares por parte del público; para ello fue necesario ofrecer una tasa de interés muy alta para compensar el riesgo que en ese momento significaba prestar dinero al Estado (aunque en este caso era el Banco Central). La tasa de corte de las LEBACs varió de 130 % anual (para colocaciones a 14 días) en julio, a 46 % en setiembre y menos de 10 % en diciembre de 2002 para colocaciones a 30 días.

A pesar de la reducción de los redescuentos y de los adelantos al gobierno, la base monetaria aumentó fundamentalmente por la obligada compra de dólares por parte del Banco Central (debido a la exigencia a los exportadores para liquidar sus operaciones) y por la recomposición de sus reservas por parte de los bancos comerciales. Hacia fines del año los bancos prefirieron mejorar su liquidez por el temor a un fallo adverso de la Corte Suprema de Justicia y porque pasaron a tener depósitos que no podían colocar al no existir el crédito [9].

A partir del primer semestre de 2003 comenzaron a liberarse los fondos incautados en "el corralón" (los depósitos reprogramados). Los depósitos en dólares pesificados a $ 1,40 actualizados con el CER, pudieron ser cobrados en efectivo en pesos en determinados plazos según el monto de los ahorros. La diferencia con el valor del dólar a esa fecha se compensó con un bono a diez años en dólares (Boden 2013). Para mantener esos fondos así liberados y evitar su traslado al dólar, los bancos ofrecieron altas tasas de interés [10] que progresivamente se fueron reduciendo. Para que las entidades bancarias cuenten con mayor liquidez para liberar los depósitos reprogramados, el Banco Central dispuso una rebaja de los encajes o tasa de efectivo

---

(9) Consultar el cuadro 2 del cap. IV, "Informe monetario diario del BCRA".

(10) La tasa de interés promedio estuvo en el 25 % anual, que hace suponer tasas activas mucho más altas.

mínimo para los depósitos a plazo fijo ([11]), manteniendo los encajes de los depósitos en cuenta corriente y cajas de ahorro.

A fines de marzo de 2003 el gobierno dictó el decreto de "unificación monetaria" para retirar los bonos de las provincias de Buenos Aires, Catamarca, Córdoba, Corrientes, Chaco, Entre Ríos, Formosa, Mendoza y Tucumán y reemplazarlos por moneda nacional de curso legal. Con ese fin se facultó al Ministerio de Economía para la emisión de Bonos del Gobierno Nacional en dólares y en pesos por un valor equivalente a 4.500 millones de pesos ([12]). Esta medida debe considerarse un paso positivo para terminar con esta práctica que distorsiona el mercado monetario y transfiere a las provincias una función de emisión monetaria que sólo es responsabilidad del Banco Central. Es de esperar que ante nuevas dificultades fiscales no se intente nuevamente la solución milagrosa de crear moneda por medio de la emisión de bonos.

El rescate de esos bonos es una de las razones del fuerte aumento del circulante durante 2003. Según el Banco Central, el impacto monetario efectivo de la operación de canje medido en términos de la base monetaria amplia es prácticamente neutro ya que es compensado por la caída en el valor de las cuasimonedas rescatadas. Pero también hubo emisión de moneda para comprar dólares (para mantener el tipo de cambio) y para financiar el gasto público. El comportamiento de la base monetaria se puede apreciar en el cuadro 2.

---

(11) A partir del 24/3/03 se reduce la tasa de 40 % que debían mantener los bancos sobre los nuevos depósitos a plazo fijo, según el siguiente detalle:

- Depósitos hasta 29 días: encaje del 12 %; de 30 a 59 días: 9 %; de 60 a 89 días: 8 %; de 90 a 179 días: 6 %; de 180 a 365 días: 4 %; colocaciones mayores a un año sin encaje. (Para los fondos mantenidos hasta ese entonces en el corralón no se obligaba a los bancos a mantener encajes.)

- Para los depósitos en cuenta corriente y cajas de ahorro se mantuvo el encaje de 22 % de los depósitos.

(12) El gobierno central emite los bonos que se entregan al Banco Central a cambio del efectivo que se envía a las provincias que a su vez se comprometen a devolver con fondos provenientes de la coparticipación. De los 4.500 millones de pesos, 2.700 corresponden al rescate de patacones (bono de la provincia de Buenos Aires).

	al 31/12/02	al 31/12/03
Circulación monetaria	18.802	30.316
Cta. cte. en BCRA	10.349	16.075
Base monetaria	29.151	46.391
Cuasimonedas	7.500	314
Base monetaria ampliada	36.651	46.705
Fuente: BCRA.		

Cuadro 2. Evolución de la base monetaria (en millones de pesos).

El circulante en poder del público y de los bancos ($ 30.300 millones en diciembre de 2003) más que duplica el nivel histórico del 4 al 5 % de PBI, pero la base monetaria ampliada creció en un porcentaje menor por el canje de las cuasimonedas. La ausencia del efecto multiplicador bancario por la falta de crédito y la caída del consumo (en 2003 no se recuperaron los niveles anteriores a la crisis), evitaron el impacto en los precios de la mayor cantidad de dinero [13]. También se observa un aumento en la cuenta corriente del BCRA que responde a mayores encajes voluntarios de los bancos comerciales que tienen un exceso de liquidez al recibir depósitos de los ahorristas que no se corresponden con mayor demanda de crédito. Esta inusual situación hizo caer las tasas de interés en el segundo semestre de 2003.

La futura política monetaria

Sin ahorro, no hay crédito ni inversión. La política monetaria tiene que estar dirigida a recomponer el ahorro, y para eso se necesita estabilidad económica, confianza e instrumentos que permitan, a pequeños ahorristas o grandes inversores, operar con seguridad.

Es necesario recuperar la solvencia y fortaleza del sistema bancario para intermediar entre el ahorro y la inversión. Se debería definir una política de encajes de largo plazo y reglamentar las posi-

---

(13) Además, gran parte de los adelantos que hizo el Banco Central al Tesoro no se habría usado para financiar gasto público, sino para pagar las obligaciones con los organismos internacionales.

bilidades de auxilio financiero por parte del Banco Central (redescuentos) ([14]).

La responsabilidad en el delineamiento y control de la política monetaria requiere un Banco Central independiente del poder político. Ésta es una regla universal. La Carta Orgánica del Banco Central de la República Argentina establece que el banco "no estará sujeto a órdenes, indicaciones o instrucciones del Poder Ejecutivo Nacional". Sus diez directores (que son designados por el Poder Ejecutivo con acuerdo del Senado) sólo pueden ser removidos por incumplimiento de las disposiciones contenidas en la carta orgánica o por mala conducta o incumplimiento de los deberes de funcionario público, con intervención del Congreso Nacional.

Esta independencia tiene su razón en el resguardo de una de las instituciones más importantes de la economía: la moneda nacional. La estabilidad de la moneda es necesaria para el funcionamiento de la actividad económica, el cumplimiento de los contratos, la planificación en las empresas y las decisiones de inversión. Es responsabilidad del Banco Central mantener un nivel adecuado de reservas internacionales como respaldo de la moneda. En la medida en que esas reservas exceden a la base monetaria habrá menos riesgo de operaciones especulativas contra la moneda interna. Un buen nivel de reservas internacionales significa tranquilidad para los operadores y menor riesgo país, por ese motivo es que no son de libre utilización por parte de la autoridad monetaria ([15]).

La política monetaria expansiva, justificada en una crisis extrema como la que vivió el país, tiene sus límites, y se estima que en 2004 la emisión monetaria debe controlarse fuertemente para evitar el traslado a precios al normalizarse los mercados. El Banco Central tendría previsto este control a través de la anunciada política de metas de inflación que se comentan más adelante ([16]).

---

(14) El Banco Central puede mantener la función de prestamista de última instancia o derivar esta responsabilidad al sector privado.

(15) El Congreso Nacional reformó en agosto de 2003 la carta orgánica del BCRA, habilitándolo para hacer adelantos transitorios al gobierno nacional hasta una cantidad equivalente al 12 % de la base monetaria. También podrá otorgar el equivalente al 10 % de la recaudación anual para cancelar deuda contraída con los organismos multilaterales de crédito.

(16) Según el programa monetario expuesto por el presidente del BCRA ante el Senado de la Nación, se tiene previsto para todo 2004 una expansión monetaria de 10.000 millones de pesos, por lo tanto la base monetaria para diciembre de 2004 se-

Algunas consecuencias de la devaluación
La inflación

La inflación minorista (costo de vida) de 2002 fue del 41 % ([17]), impulsada casi exclusivamente por el doble efecto de la devaluación: el aumento del precio de los productos importados y el alza en el precio de los alimentos que son productos de exportación. En un año que no hubo aumentos de sueldos, esto significó una pérdida importante del poder adquisitivo de los salarios (baja del salario real) que en la práctica resultó mayor porque el aumento de los productos de primera necesidad (canasta básica) fue mucho mayor (75 %), igual que otros rubros de alta incidencia en los asalariados como Artefactos para el hogar, Artículos para mantenimiento del hogar y Textiles y telas, que tuvieron una suba superior al 100 %.

El índice de precios mayoristas en 2002 aumentó 118,2 %. Esto muestra una brecha demasiado grande entre inflación mayorista y minorista y el aumento del tipo de cambio (214 %). Esta diferencia podría recuperarse en el futuro. Parte de la brecha entre los índices de precios mayoristas y consumidor fue absorbida por los comerciantes (reduciendo sus ganancias) para poder vender. La convergencia entre los precios de los alimentos exportables y el dólar puede tardar un par de años y puede llegar por aumento de los precios o por baja de la cotización del dólar o, más lógico, por ambos factores combinados.

La estabilización del tipo de cambio acotó el aumento de precios disparado por la devaluación, aunque existe una inflación reprimida por los atrasos en las tarifas de los servicios públicos y la falta de actualización de los salarios en el sector estatal y en el privado. Los efectos del congelamiento del precio del gas, después de la devaluación, aparecieron recién en 2004 con la crisis energética originada en

---

///...

ría de $ 56.500 millones (un aumento del 22 % sobre la base monetaria de diciembre de 2003). El 55 % de esa cantidad serían billetes y monedas y el resto reservas bancarias. Para la misma fecha M2 llegaría a 78.610 millones de pesos. Estas previsiones suponen un crecimiento real del producto mayor al 5 %; en caso de que el crecimiento sea menor se reduciría la expansión monetaria hasta un 50 %.

(17) Índice de precios al consumidor del Instituto Nacional de Estadística y Censos.

la alteración de la oferta y la demanda cuando se fijó al gas en boca de pozo un valor artificialmente bajo para tratar de evitar su traslado a las tarifas eléctricas, pero en realidad sólo se postergó el aumento de precios con consecuencias en el abastecimiento eléctrico. Otros de los factores que evitaron una inflación mayor fue la acertada política del Banco Central, que absorbió liquidez monetaria con la venta de Lebacs, y la ausencia de creación secundaria de dinero por parte de los bancos comerciales ([18]).

El costo de la devaluación fue importante para los asalariados, pero también para el sector privado en su conjunto que redujo la producción y sus ventas, y para el sector público incluyendo las provincias que se resistían a una reducción del gasto. Los ingresos por las retenciones a las exportaciones no logran compensar la caída de la recaudación en los impuestos tradicionales debido a la baja en la actividad productiva.

Para 2004, la autoridad monetaria tiene previsto seguir una política de *inflation targeting* o inflación pautada, que consiste en manejar las variables monetarias —por ejemplo, la tasa de interés— para mantener estable una tasa de inflación predeterminada ([19]). Sin embargo, este objetivo no parece compatible con el otro propósito expresado por las autoridades económicas de mantener un tipo de cambio con una tasa de interés baja. El primer objetivo exige controlar la cantidad de dinero, el segundo requiere emisión monetaria (por ese motivo se acordó con el FMI flexibilizar las pautas monetarias fijadas oportunamente). Sólo en caso de existir un exceso de demanda de dinero, y no de oferta, ambos objetivos podrían ser viables.

Según el presupuesto nacional, la tasa de inflación prevista para 2004 es de 10,5 % (superior a la del año pasado) y el tipo de cambio se proyecta en los mismos niveles del año anterior; siendo así, habría en consecuencia una caída del tipo de cambio real.

---

(18) Al no existir crédito de los bancos, no funciona el multiplicador bancario que es fuente de expansión monetaria.

(19) Programa de ALFONSO PRAT-GAY, presidente del Banco Central de la República Argentina.

En la producción

Así como el comportamiento de la producción industrial fue diferente en la década del noventa según el tipo de industria, también lo fue después de la devaluación de enero de 2002. En un extremo, las industrias capital intensivas y que dependen de insumos importados están en peor situación que las ubicadas en el otro extremo, mano de obra intensivas y que trabajan con insumos nacionales. Entre las primeras está la industria automotriz, la química y farmacéutica, la de máquinas eléctricas, telecomunicaciones y audio (que representan más del 30 % de la producción total). Entre las segundas, las relacionadas con la actividad agropecuaria y elaboradoras de bienes de consumo no durables. En el medio hay muchas industrias más o menos capital intensivas, cuyo resultado frente a la devaluación depende del uso de insumos importados o nacionales o de la posibilidad de sustituirlos. Pero también su situación será diferente si su producción está dirigida al mercado interno o a la exportación, y en este caso dependerán de que el precio y la calidad del bien producido les hayan permitido obtener mercados en el exterior.

La sustitución de importaciones se concentra generalmente en sectores mano de obra intensivos como textiles, vestimenta, tabaco, metalmecánica (máquinas, heladeras, cocinas, televisores, etc.), productos de cuero, muebles, autopartes y turismo. Un tipo de cambio alto puede incentivar sectores con baja relación capital-trabajo, con escasa inversión y baja productividad.

Hay, sin embargo, sectores exportadores que aprovecharon este tipo de cambio para un aumento genuino de su producción. Es el caso de la industria aceitera, el sector petroquímico y la fabricación de neumáticos que fueron los sectores más dinámicos en 2002 y ayudaron a revertir la actividad industrial a partir de agosto de ese año. Hay otras actividades que están en condiciones de recuperar su producción porque tienen una buena capacidad instalada por adquisición de equipos y máquinas modernas en la década del noventa aprovechando un tipo de cambio favorable (ese equipamiento tecnológico hoy tiene menos de diez años). La situación es más difícil para las empresas que necesitan aumentar su capacidad o cambiar sus equipos, mientras que no se reconstruya el sistema financiero y el crédito. El cuadro 2 permite tener una referencia sobre la evolución de la industria manufacturera en las últimas dos décadas y en los años de crisis.

El interrogante que se vuelve a presentar es si ésta es la industria que el país necesita. Durante más de medio siglo la economía cerrada favoreció la sustitución de importaciones y creó una industria no competitiva, sin posibilidades de vender al exterior. La producción casi artesanal de algunos talleres y las máquinas "reparadas con alambre", que en alguna oportunidad sirvieron para destacar la habilidad de los técnicos argentinos, pueden ser una solución de emergencia para mantener fuentes de trabajo o para evitar más desocupación, pero no es suficiente para una industria sostenible. La industria requiere continuas inversiones, no alcanza tener un "dólar caro" ni una mano de obra barata, los mercados del mundo exigen calidad y precio, y resulta muy peligroso caer nuevamente en un atraso tecnológico [20].

No obstante, existe una consecuencia positiva de un tipo de cambio alto: para el inversionista del exterior, los costos de una inversión en la Argentina, en términos de dólares, son baratos. Los dólares que ingresan al país compran más del doble de los activos que compraban antes. Esto puede atraer capitales en la medida que exista confianza y seguridad.

---

(20) La baja de la inversión bruta interna fija entre 1998 y 2002 fue del 57 %. Dentro de ella la caída de los bienes de capital importados (ver cap. III) fue del 85 %. Ésta es la situación más preocupante porque evidencia la pérdida de actualización tecnológica de la industria y, por lo tanto, de la productividad y de la competitividad esperada de las exportaciones argentinas.

Producción de	Unidad med.	1980	1990	1998	2000	2001	2002
Petróleo crudo	Miles m³	28.566	28.060	49.148	44.679	45.174	43.784
Petróleo procesado	Miles m³	n.d.	26.885	31.527	30.195	30.198	20.040
Gas natural	Mill. m³	13.466	23.018	38.630	44.870	45.917	45.770
Harina de trigo	Miles ton.	n.d.	3.102	3.739	3.595	3.537	3.550
Aceites y subprod.	Miles ton.	n.d.	10.227	19.664	21.046	20.759	23.600
Fibras sintéticas	Ton.	13.286	21.004	27.964	31.468	18.383	16.190
Hilados sintéticos	Ton.	21.527	27.978	41.096	56.161	49.972	43.424
Pasta para papel	Miles ton.	n.d.	739	858	878	761	847
Papel para diario	Ton.	n.d.	206.661	174.588	170.410	183.352	175.200
Neumáticos	Miles unid.	5.531	4.955	9.516	8.636	8.037	9.093
P.V.C.	Miles ton.	34	104	105	131	150	120
Polietileno	Miles ton.	33	227	279	272	477	490
Ácido sulfúrico	Miles ton.	233	210	187	175	160	184
Naftas	Miles m³	6.968	7.165	7.634	7.245	7.160	6.587
Gas oil	Miles m³	7.501	8.867	12.309	12.309	12.224	11.172
Fuel oil	Miles ton.	7.900	4.076	1.740	1.537	1.782	1.864
Caucho sintético	Ton.	n.d.	57.200	54.005	54.402	45.444	48.218
Pinturas p/constr.	Ton.	n.d.	61.507	160.899	148.782	131.841	101.086
Hierro primario	Miles ton.	n.d.	2.968	3.659	3.602	3.193	3.660
Acero crudo	Miles ton.	2.687	3.636	4.210	4.472	4.107	4.363
Laminados fríos	Miles ton.	675	733	1.32	1.351	1.238	1.319
Laminados calient.	Miles ton.	2.158	3.192	4.155	4.174	3.859	3828
Aluminio primario	Miles ton.	137	163	187	262	248	269
Hierro redondo	Ton.	n.d.	n.d.	533.224	417.013	357.680	279.485
Máquinas herram.	Ind. 1985=100	n.d.	138	119	62	68	26,5
Automotores	Unid.	281.793	99.639	457.957	339.246	235.577	159.401
Fuente: Ministerio de Economía. Secretaría de Política Económica.							

Cuadro 3. Indicadores de producción de la industria manufacturera.

La recuperación de la actividad en 2003 sitúa a la producción en un nivel similar al de 1996 (a precios constantes) y se requerirán tres años más para llegar al nivel de 1998 con el crecimiento del 4 % anual, que fue el promedio en que creció la economía entre 1989 y 1999. El crecimiento del 4 % previsto para 2004-2006 es una meta posible teniendo en cuenta la capacidad ociosa en la industria y la producción en general, pero su continuidad estará supeditada a lograr y mantener una adecuada inversión neta positiva y que el ahorro nacional se vuelque al circuito productivo con el regreso de los capitales que salieron del país. Un nivel de inversión de alrededor de 15 % del PBI no garantiza crecimiento porque sólo se cubre el deterioro del stock de capital (la amortización del equipo de producción). El agro es el sector que más aumentó la compra de bienes de capital en 2003 mientras que las compras del sector industrial sólo representaron un 20 % de lo que eran en 1998 y esto justifica su menor crecimiento y la pérdida relativa de las exportaciones de productos industriales en el mismo año.

El balance comercial después de la devaluación

El balance comercial ampliamente positivo que registró la Argentina para todo 2002 (u$s 16.358 millones) es un efecto no deseado de la devaluación de principios de ese año, porque el saldo a favor no se obtiene por aumento de las exportaciones, sino por una abrupta baja de las importaciones.

La caída en el valor de las exportaciones en los doce meses del año fue del 5 % respecto del año anterior. Las importaciones tuvieron en ese período una reducción del 56 % respecto de 2001. La baja en las ventas al exterior estuvo justificada por los menores envíos al Mercosur, el principal destino de las exportaciones argentinas, mientras que las ventas a la Unión Europea subieron debido a la reanudación del comercio de carnes, interrumpido por el brote de fiebre aftosa en las pampas argentinas [21]. Por este motivo aumentaron las manufacturas de origen agropecuario (9 %), mientras que las de origen industrial tuvieron un retroceso del 8 %.

En 2003, las exportaciones no recuperaron el ritmo de crecimiento de la década anterior, mostrando una mayor concentración en productos primarios y manufacturas agropecuarias. Las importaciones tienen una lógica y esperada recuperación por los requerimientos del aparato productivo y por la limitación de la sustitución de importa-

---

(21) La Unión Europea es el principal mercado para la industria frigorífica exportadora que pasó por graves dificultades financieras (con quiebra de varias empresas) al cerrarse los mercados internacionales en 2001. A mediados del año siguiente, Europa aprobó una cuota extraordinaria de 10.000 toneladas a la cuota Hilton para compensar la paralización de los embarques del año anterior.

La cuota Hilton es la cantidad de carne vacuna de alta calidad que ingresa a la Unión Europea con un 20 % del arancel normal. Esta cuota tiene su origen en 1979 en los acuerdos de la rueda Tokio del GATT, con los acuerdos posteriores en los últimos años había llegado a 28.000 toneladas. La distribución interna para el abastecimiento de esa cuota ha dado lugar a quejas de las empresas y denuncias de falta de transparencia que han llegado a la justicia. El principal comprador es Alemania, que adquiere alrededor del 80 % de la cuota, y le siguen Holanda, Gran Bretaña, Italia y Japón.

ciones más allá de algunos casos puntuales muy favorecidos por la diferencia cambiaria [22]. La curva "J" con la que se explican las consecuencias de una devaluación en otros países no sirve para explicar la realidad argentina porque, en el largo plazo, no aumentan suficientemente las exportaciones (en cantidad) y no disminuyen demasiado las importaciones (a niveles de producto).

Una de las razones de la caída de las exportaciones industriales en los años 2002 y 2003 es el encarecimiento de los insumos importados y la falta de financiamiento. Se calcula que el coeficiente de importaciones sobre la producción industrial argentina es en promedio superior al 20 %, más alto en los sectores de capital intensivo, por lo tanto es un costo importante para pequeñas y medianas empresas que reduce la competitividad que supuestamente se busca con una devaluación o con un tipo de cambio alto.

La decisión de exportar requiere algo más que el estímulo del tipo de cambio. La estabilidad y la certidumbre política, económica y crediticia es fundamental para un emprendimiento exportador serio. Las retenciones a las exportaciones agropecuarias, para compensar los beneficios del tipo de cambio alto no son una buena señal en ese sentido. Por otra parte debe entenderse que las exportaciones y las importaciones están vinculadas y las dificultades para importar, o su mayor costo, son contrarios a una política exportadora, especialmente de manufacturas, porque generalmente a mayor elaboración del producto mayor es la necesidad de insumos o máquinas o repuestos o equipos importados. Un buen ejemplo es el comercio con Brasil, que a partir de junio de 2003 se tornó fuertemente deficitario para la Argentina y vuelven a escucharse las quejas, igual que en la década anterior, sobre la invasión de los productos brasileños; en algunos rubros, como los textiles, las importaciones del país vecino en 2003 fueron mayores que en 2001, antes de la devaluación, y las exportaciones no aumentaron porque unas y otras dependen del nivel de la demanda en ambos países más que de los precios relativos.

---

[22] En 2002, se consumieron los stocks de productos importados, y en 2003, las empresas tuvieron que importar a un precio mayor.

Los problemas sociales
Desempleo

Las temidas consecuencia de la crisis económica se encuentran evidentes en dos indicadores sociales: el desempleo, que comenzó a preocupar en la década pasada, y la pobreza que aflige al país desde hace varias décadas, aunque inexplicablemente no contaba con la difusión periodística y televisiva de los últimos tiempos.

El desempleo es uno de los principales problemas en el mercado de trabajo por sus implicancias en la distribución del ingreso y como consecuencia en la demanda agregada y en la producción, pero también habría que considerar la subocupación y otros factores que afectan al empleo como la precariedad, la rotación, las bajas remuneraciones y la falta de coberturas sociales (protección de salud y previsión).

Los problemas de empleo en el país comenzaron a sentirse a fines de la década del ochenta, y mucho más pronunciados en la década del noventa. La tasa de desocupación se había mantenido entre el 4 y el 6 % de la población económicamente activa (PEA), aunque la desocupación explica sólo una parte de la situación laboral. El desempleo es el desequilibrio entre la oferta de trabajo formada por los integrantes de la PEA que están buscando una ocupación y la demanda de empleo de las empresas [23]. En la década del ochenta con elevados aranceles a las importaciones y con salarios reales en baja por las continuas devaluaciones, resultaba mucho más caro el capital que la mano de obra, incentivando los desarrollos mano de obra intensi-

---

(23) La Encuesta Permanente de Hogares del INDEC considera a la población desocupada como la que no teniendo ocupación está buscando activamente trabajo (no incluye como desocupado a quien está trabajando precariamente o en modo marginal o tiene una ocupación transitoria). La tasa de desocupación está calculada como porcentaje entre la población desocupada y la población económicamente activa (PEA). La PEA la integran las personas que tienen una ocupación o que sin tenerla la están buscando activamente; está compuesta por la población ocupada más la población desocupada, y por supuesto tampoco distingue entre el trabajo formal y el marginal.

Esta encuesta mide también la "población subocupada" que trabaja menos de 35 horas semanales por causas involuntarias, pero que están dispuestos a trabajar más horas.

vos ([24]), pero hacia fines de la década la hiperinflación ya había impactado en la demanda de empleo y la desocupación ya llegaba al 9 % de la PEA. Según algunos especialistas "en la época del ochenta hubo dos problemas, el primero fue el deterioro de la calidad del empleo ya que el trabajo en negro creció diez puntos en diez años, y el segundo la caída pronunciada del salario real" ([25]).

En los noventa, la caída de los precios de los bienes de capital como consecuencia de la apertura de la economía favoreció la expansión de la inversión y cambió el precio relativo capital-trabajo; simultáneamente se encarecieron los costos laborales medidos en dólares. Ambos factores favorecieron la sustitución de trabajo por capital y es uno de los motivos de la desocupación en la década. Esto fue más evidente en las empresas que fueron adquiridas por inversiones directas del exterior que en algunos sectores incorporaron tecnología que les permitió aún aumentar la producción con menor personal. Otro de los motivos se debe buscar en la necesidad que tuvieron muchas empresas de adecuar sus costos; en una economía abierta los precios son establecidos por el mercado, por lo tanto la empresa debe trabajar sobre sus costos, y esto llevó a prescindir del personal que no fuera estrictamente necesario. La privatización de empresas públicas también fue un motivo de expulsión de mano de obra; el personal indemnizado, o con retiro anticipado, se transformó en improvisado cuentapropista en diversas actividades de escasa rentabilidad que terminaron quebrando o cerrando.

La falta de crédito accesible a muchas empresas pequeñas no les permitió realizar las inversiones que ahora el mercado les exigía y tuvieron que cerrar o reducir su escala o cambiar su ramo, lo que aumentó la desocupación de mano de obra. Por otro lado, también incidió en la tasa de desempleo la mayor oferta, medida por el aumento de la población económicamente activa, quizá producida por la incorporación a la búsqueda de empleo de más miembros de una misma familia (por la pérdida de empleo de quien trabajaba o para aumentar los ingresos del grupo familiar para pagar las cuotas de los créditos personales).

---

(24) Éste es el motivo por el cual en la década del ochenta aumentó el empleo cuando el producto bajó alrededor de un 10 % entre 1980 y 1990. La contracara de esta paradoja es la gran caída de la productividad del trabajo en ese período.

(25) Ernesto Kritz, Sel Consultores.

A pesar del crecimiento del producto en la década, la tasa de desocupación alcanzó un inusual 18,4 % en mayo de 1995 para después bajar al 12,4 % en octubre de 1998, pero desde allí comenzó nuevamente a crecer en forma lenta y salta a 21,5 % en mayo de 2002, después de la devaluación, con una subocupación horaria de 18,6 %, ambos porcentajes sobre la PEA, que revela problemas de empleo para alrededor de 6.000.000 de personas. A partir de la información de octubre de 2002 el Indec incluye como ocupados a quienes reciben los planes asistenciales para desocupados (planes Jefes y Jefas de Hogar Desocupados) ([26]) haciendo de ese modo caer la tasa, aunque en un anexo recompone la tasa de desocupación sin ese artilugio que para octubre de 2002 alcanzó un alarmante 23,6 % de la población activa.

La participación de la industria en el empleo total es la menor de todos los registros del INDEC (14,9 % para el área metropolitana que incluye ciudad de Buenos Aires y partidos del conurbano): la mitad de la que el sector tenía en 1980. Las ramas de servicios (comercio, finanzas, sociales y transportes) ocupa ahora más del 70 % del empleo total, aunque en trabajos de escasa productividad como se explicó en el cap. III.

Es posible esperar para los próximos años una recuperación del empleo debido a que nuevamente cambió la relación capital-trabajo. Los bienes de capital más caros y los salarios reales relativamente más bajos inclinarán las decisiones de la empresa a favor de la contratación de mano de obra, pero la continuidad del proceso a favor del empleo dependerá de las futuras posibilidades de inversión. Sólo si se logra que las empresas recompongan su capital de trabajo, reemplacen sus máquinas y actualicen sus equipos se podrá recuperar el nivel de empleo deseado ([27]).

---

(26) Si un beneficiario de los planes sociales que perciben la asignación por desempleo declara que realizaron alguna prestación de las establecidas en los programas, queda registrado como ocupado.

(27) El 23 de diciembre de 2003 el INDEC dio a conocer la nueva medición del empleo que surge de una mejora en la Encuesta Permanente de Hogares que realiza ese organismo, fundamentalmente la nueva encuesta capta con mayor precisión algunos empleos precarios o marginales y por ese motivo aparecen a partir de entonces más personas ocupadas. Por otro lado también son más los desocupados porque con cuestionarios y preguntas más precisas es ahora registrada gente que era inactiva. La tasa de desocupación así medida para el tercer trimestre de 2003 fue del 21,4 % o del 16,3 % si se considera ocupados a quienes reciben los subsidios por desempleo. La tasa de desocupación horaria fue del 16,6 %, todos esos porcentajes relacionados con la población económicamente activa en los 28 aglomerados medidos por el INDEC que alcanzaba a 10,5 millones de personas. Estos datos revelan que a fines de 2003 todavía cerca de 6 millones de personas tenían problemas de empleo en el país.

Los problemas laborales no quedan limitados a las tasas de desocupación o de subocupación; gran cantidad de quienes trabajan lo hacen en ocupaciones no debidamente registradas (trabajo marginal o "en negro") y por lo tanto, ni los patrones, ni los empleados realizan aportes al sistema de seguridad social y como consecuencia no tienen beneficios sociales ni tendrán derecho a retiro o jubilación en el futuro. En esta situación estaría cerca del 50 % del total de trabajadores [28]. El crecimiento de la tasa de marginalidad laboral en los últimos veinte años es responsabilidad de los empleadores y de los propios trabajadores para conseguir un mayor ingreso disponible (mayor "sueldo de bolsillo"), pero también de los elevados costos laborales.

La dimensión de este problema la señala un informe del Banco Mundial que revela que en la Argentina el 32,8 % de las personas en edad de retiro no reciben jubilación ni pensión, pero el porcentaje superaría el 50 % en 2015 y se elevaría al 56,2 % en 2025 [29].

Pobreza e indigencia

"La evolución reciente del sistema económico y social ha dado por resultado un aumento de los hogares que no logran satisfacer sus necesidades básicas y una proliferación de situaciones de pobreza, en la diversidad de comunidades en que se articula el país. En consecuencia resulta particularmente urgente delimitar, cuantificar y diagnosticar las diversas situaciones de pobreza en que puede hallarse sumida una proporción significativa de los hogares argentinos."

Así comenzaba un informe del INDEC titulado "La pobreza en la Argentina", publicado en julio de 1984 que analiza los datos del cen-

---

(28) Dentro de la economía marginal se encuentran muchos cuentapropistas y profesionales que trabajan por cuenta propia, que no siempre realizan aportes o lo hacen parcialmente, más los trabajadores no registrados en la actividad privada y que a menudo tienen contratos de locación de servicios o aparecen como servicios terciarizados para evadir las obligaciones previsionales. El Estado también contribuye al no aportar cargas sociales por los beneficiarios de los planes para desocupados.

En 1980 se estimaba en 25 % el trabajo marginal atribuido fundamentalmente al cuentapropismo.

(29) *El sistema previsional y la crisis de la Argentina*, Banco Mundial, 2003.

so nacional de población y vivienda de 1980 y de la Encuesta Permanente de Hogares del mismo año. Hace más de veinte años, el 27,7 % de la población vivía en hogares con necesidades básicas insatisfechas, indicador que "proporciona una aproximación al panorama nacional de pobreza" [30]. Este estudio, como otros relacionados con la mortalidad infantil originada en la desnutrición o en carencias sanitarias, muestran la presencia de un problema estructural, no de una situación meramente coyuntural.

Es muy posible que la reducción de los salarios reales durante la inflación e hiperinflación de los años ochenta, la desocupación de la década del noventa y la angustiosa crisis de los últimos años hayan agravado la pauperización de los hogares argentinos, pero aquellos índices ya eran suficientemente alarmantes, mucho más cuando, al profundizar esas estadísticas, se comprueba que en esos hogares con necesidades insatisfechas vivía el 40 % de los niños que tenía el país con edad escolar y preescolar.

En 1986 un informe del Fondo Internacional de las Naciones Unidas para la Ayuda a la Infancia (UNICEF) advertía sobre la mortalidad infantil en la Argentina, señalando que el 36 % de las muertes tenía como causa directa o asociada a la desnutrición. Algo más tarde, en 1990, la Municipalidad de la Ciudad de Buenos Aires publicó un trabajo donde establecía que el 30 % de las muertes de los niños menores de un año, en la Capital Federal, eran "reducibles o parcialmente reducibles según criterios de evitabilidad", es decir, no se trataba de defunciones asociadas a complejas enfermedades, sino que podrían haberse evitado con una correcta asistencia sanitaria [31]. La situación es más grave en algunas provincias del noroeste argentino que cuentan con "tasas de mortalidad infantil equivalentes a la

---

(30) "La pobreza en la Argentina". Serie Estudios. Instituto Nacional de Estadística y Censos. 1984.

El INDEC considera hogares con necesidades básicas insatisfechas los que poseen al menos una de las siguientes condiciones: 1) tienen más de tres personas por cuarto; 2) habitan en una vivienda precaria; 3) no tienen ningún tipo de retrete; 4) tienen algún niño en hogar escolar que no asiste a la escuela, y 5) tienen cuatro o más personas por miembro ocupado de la familia y cuyo jefe tiene baja educación.

(31) El informe de la Municipalidad de la Ciudad de Buenos Aires relaciona esos resultados con "la insuficiente oferta sanitaria, la falta de capacitación profesional, presupuesto bajo y equipamiento escaso o nulo, obsoleto en su mayoría por falta de renovación y mantenimiento deficiente o ausente". La Nación 22/10/90, artículo citado en *La economía argentina explicada*, OSCAR GIL, Ediciones Macchi, 1998.

de algunos países africanos", según declaraciones de un representante de la UNICEF.

La pobreza fue creciendo en los años setenta y ochenta con la inflación; las devaluaciones y los aumentos de precios reducían los salarios y los ingresos de la gente comenzaron a caer en forma rápida. La hiperinflación de 1989 y 1990 dio un nuevo impulso a los índices de pobreza, que tuvieron una pequeña reducción con la estabilidad de precios y los créditos de consumo otorgados por los bancos, hasta la segunda mitad de los noventa donde comenzaron a crecer. La reaparición de la inflación en 2002, con alto desempleo y recesión provocó una combinación con afligentes consecuencias sociales.

La Encuesta Permanente de Hogares del INDEC calcula los índices de pobreza e indigencia que se analizan a continuación. Se considera *población en hogares bajo la línea de pobreza* a la que con sus ingresos no pueden cubrir sus necesidades alimentarias básicas y no alimentarias (en vestimenta, transporte, educación y salud). El 57,7 % de la gente se encontraba en esas condiciones en 2002. La *población bajo la línea de indigencia* es la que no puede cubrir una canasta básica de alimentos para satisfacer las necesidades energéticas y proteicas, es decir, no recibe alimentación suficiente; en estas condiciones está el 27 % de los ciudadanos ([32]). Los números son más patéticos que los porcentajes: casi 21 millones de habitantes en el país eran pobres, de los cuales 10 millones no podían procurarse la alimentación básica. Para 2003, con el índice de precios al consumidor en baja, hubo una pequeña mejora pero todavía más de la mitad de la población del país estaba bajo la línea de pobreza.

La situación es más dramática en el conurbano bonaerense y en algunas ciudades del norte argentino donde la pobreza alcanza a más del 70 % de la población; allí son concurrentes los mayores índices de desocupación y pobreza con el mayor analfabetismo, la menor escolaridad y la más elevada mortalidad infantil. Pero hay otra lamentable coincidencia: los niños desnutridos y con graves carencias alimentarias son hijos y nietos de desnutridos, según una reciente

---

(32) Encuesta Permanente de Hogares, INDEC. Para los 31 aglomerados urbanos encuestados (octubre de 2002):

- Población bajo la línea de pobreza: 57,5 % de la población total.
- Población bajo la línea de indigencia: 27,5 % de la población total.

investigación periodística ([33]). El presidente del Sistema Provincial de Salud de Tucumán (Siprosa) recuerda que en esa provincia el problema comenzó con el cierre de ingenios en 1966 (cerca de cuarenta años atrás) y destaca que ésta es la tercera generación de desnutridos. Están tan sumergidos en la miseria, agrega el director del Hospital del Niño Jesús de la ciudad de Tucumán "que no perciben los límites entre la vida y la muerte, porque se han acostumbrado a perder un hijo, o dos, a que una hija quede embarazada a los doce años, a los abortos...". No pueden quedar dudas de que la Argentina hoy es un país pobre ([34]).

La pauperización de la población argentina no sólo es el drama de quienes padecen sus consecuencias; también condiciona al país a un mediocre desempeño futuro. Más de la mitad de los menores viven en hogares bajo la línea de pobreza y entre un 10 y un 20 % de ellos padecen desnutrición crónica que los afectará en su desarrollo biológico e intelectual, de acuerdo con varias investigaciones de organismos públicos y privados. Según el Departamento de Nutrición, Maternidad e Infancia, del Ministerio de Salud, un niño que ha permanecido más allá de los cinco años con algún grado de desnutrición es difícil que pueda recuperar la talla y el peso, pero también tendrá dificultades en el aprendizaje "son chicos lentos y van al fracaso escolar". Los niños de hogares de bajos recursos no acceden al jardín de infantes y no tienen en sus familias la estimulación que requieren en los primeros años, unido a una alimentación inadecuada genera un retraso irreversible en sus capacidades; se marginan en el colegio y comienzan a repetir los grados hasta abandonar los estudios.

Otro estudio reciente, del Centro de Educación Médica e Investigación Clínica Norberto Quirno (CEMIC), confirma las penosas con-

---

(33) "Vida y muerte en el Jardín de la República". Artículo del diario La Nación publicado el 25/3/03.

(34) Un nuevo informe del Fondo de las Naciones Unidas para la Infancia (UNICEF) presentado en diciembre de 2003 advierte que en la Argentina hay 4.900.000 menores que no acceden a los bienes y servicios mínimos para sus necesidades. De ese total, 1.150.000 quedaron bajo la línea de pobreza entre 2001 y 2003, un crecimiento del 30,6 % de la pobreza entre niños y adolescentes. La brecha de ingresos entre los distintos estratos viene en sostenido y permanente aumento en los últimos 30 años. El quintil más rico (la quinta parte de la población con mayores ingresos) y el más pobre (la quinta parte con menores ingresos) tenían en 1970 una relación de 1 a 12. En 2001 esa relación era 1 a 40.

secuencias de la indigencia en la maduración infantil. La pobreza genera condiciones que afectan seriamente el desenvolvimiento mental de los niños; los menores provenientes de hogares pobres no alcanzaron los niveles mínimos de rendimiento con muy bajo promedio en el test de inteligencia general, en comparación con otros grupos de niños de hogares no carenciados. Los niños que viven en hogares con necesidades básicas insatisfechas están condenados a un desarrollo limitado por la disminución de sus posibilidades de maduración intelectual y de aprendizaje. El país también está limitado en el uso futuro de las capacidades de 1.650.000 menores de quince años con carencias alimenticias.

Especialistas del Centro de Estudios sobre Nutrición Infantil (CESNI) alertan que el 50 % de los menores de dos años padecen de anemia por deficiencias de hierro como consecuencia de carecer de un menú alimentario adecuado: "El agravamiento de la situación alimentaria durante 2002 está estrechamente vinculado con el aumento en el precio de los alimentos, el deterioro de los ingresos y, como resultado de ambos, el crecimiento de la pobreza y la indigencia. Con el agravante que, claramente, los alimentos más afectados por la devaluación son los que integran la canasta básica de alimentos...". La desnutrición infantil tiene su origen en la pobreza pero no es sólo falta de alimentos sino son las consecuencias de un entorno social que comprende carencias en la familia, de tipo económico y cultural, analfabetismo, promiscuidad, deficiencias sanitarias, etc.; en ese ambiente el niño es desatendido, no recibe los cuidados necesarios y en poco tiempo se producen alteraciones físicas y funcionales que son irreversibles.

El hambre de hoy compromete el futuro del país. Esto marca las prioridades para el sector público pero también resalta la incapacidad e ineficiencia para resolver una situación cuya solución no depende de un presupuesto inalcanzable. Hace falta capacidad de organización, seriedad en el manejo de los fondos sociales y organismos de control que funcionen correctamente. Pero más importante aún es no volver a crear situaciones que lleven al empobrecimiento de la población. La pobreza aumentó por la falta de un crecimiento sostenido de la economía, para erradicarla se necesita un desarrollo genuino de la producción, con acumulación de capital para garantizar la inversión, el desarrollo tecnológico y el crecimiento del empleo productivo, estable y bien remunerado.

La crisis argentina y la de los años treinta

Quienes encuentran similitud entre la crisis sufrida por la Argentina y la depresión económica de los años treinta en los Estados Unidos destacan tres coincidencias: la importante caída del producto bruto, la profunda crisis bancaria y financiera, y la elevada tasa de desempleo (21,5 % en la Argentina en mayo de 2002, y 25 % en los Estados Unidos en 1933). Pero también existen diferencias que condicionan las medidas a aplicar. Los Estados Unidos venían de una década anterior exitosa, plena de actividad, y mantenían una capacidad instalada muy alta, ociosa circunstancialmente pero con empresarios dispuestos a responder con mayor producción a cualquier aumento de la demanda. No habían pasado por ninguna hiperinflación ni tenían —como en la Argentina— una larga experiencia inflacionaria; tampoco tenían endeudamiento externo ni les preocupaban las consecuencias del riesgo país. El gasto público en los Estados Unidos, en ese entonces era relativamente reducido en comparación con el consumo y la inversión privada. Ambos casos requerían el aumento de la demanda global; por ese motivo se analizan las posibilidades y límites de los incentivos de la demanda en el país.

La demanda global, como se explicó en el cap. III, está compuesta por el consumo, la inversión y las exportaciones. El consumo se encuentra deprimido por la elevada desocupación y la baja en el salario real debido al aumento de los precios en 2002 (con las consecuencias ya vistas en los índices de pobreza e indigencia) resultando bastante difícil restablecer el nivel de ingresos anterior a la devaluación.

La inversión privada también se encuentra deprimida por la falta de reactivación del consumo y por la ausencia de crédito (no ofrecido por los bancos y no demandado por los empresarios). La inversión pública, que en el 2002 había llegado a menos del 1 % del PBI necesitaría rehabilitarse para compensar la caída de la inversión privada, pero deberían respetarse determinadas condiciones: los proyectos de inversión deben ser evaluados técnicamente y no políticamente, y se deben evitar los sobrecostos que en general encarecen la obra pública, pero el aspecto más importante a considerar es su financiamiento porque de ello dependerá si genera o no crecimiento de la demanda global.

Si la inversión pública se financia con nuevos impuestos, se reduce el ingreso disponible de quienes pagan esos impuestos amortiguando el efecto sobre la demanda [35]. Si se financia con deuda pública interna, la colocación de nuevos bonos en el mercado resulta difícil sin acordarse una solución total al pago de la deuda en default, pero además el agregar nuevo endeudamiento es reducir el crédito para la actividad privada y aumentar el costo financiero. La colocación de deuda en el exterior (que no disminuiría los ingresos internos en el corto plazo) es una solución que no está al alcance del país actualmente.

Resta por último la financiación con emisión monetaria: beneficiaría a los sectores relacionados con la obra pública con efecto multiplicador en varias actividades, pero el riesgo latente de la inflación con sus secuelas sobre sueldos e ingresos fijos lleva a considerar a la política monetaria expansiva como una solución muy excepcional y de corto plazo. La financiación con recursos fiscales propios no se cuenta dentro de las posibilidades si el Estado debe generar en los próximos años un importante superávit primario para pagar sus obligaciones derivadas del endeudamiento interno y externo.

La inversión pública, igual que la privada, requiere la adecuada solución de los problemas pendientes para convertirse en motor del crecimiento.

La recuperación en la fase ascendente

A partir de 2003 se comienza a notar una importante reactivación productiva con resultados favorables en los principales indicadores económicos. Corresponde analizar ahora si éste es el inicio de un crecimiento sostenido o se trata, nuevamente, de la fase ascendente

---

(35) El aumento de la recaudación impositiva en 2003 se debió especialmente a la mayor percepción por IVA, debido al aumento de precios del año anterior y por Ganancias y Bienes Personales al no permitirse el ajuste por inflación. Esos mayores impuestos inflacionarios deprimieron el consumo privado.

del ciclo económico que, recurrentemente, se agota y termina en otra crisis ([36]).

Esta reactivación estuvo impulsada, fundamentalmente, por la demanda interna y la sustitución de importaciones. El aumento de la demanda interna, justificado inicialmente por la gran depresión del aparato productivo, tiene su explicación en la política fiscal y en la expansión monetaria. Por el lado fiscal los mayores ingresos del Estado y los menores egresos por la cesación de pagos, le permitieron al gobierno expandir el gasto público con superávit fiscal. La mejora en la recaudación se debió a nuevos impuestos (que no afectaron el consumo), al excepcional precio internacional de los granos (que se tradujo en más ingresos por retenciones), a la importante recuperación de las importaciones (que significaron mayores entradas por aranceles) y al crecimiento de los impuestos a las ganancias y bienes personales por la inflación del año anterior (al no permitirse ajuste por inflación). Simultáneamente distintas medidas fiscales permitieron elevar el ingreso disponible de los sectores con más alta propensión marginal a consumir.

El aumento del consumo, por su alto porcentaje en el PBI, produce una inmediata respuesta positiva en la producción, pero tiene sus límites si no va acompañada de un fuerte crecimiento de los otros componentes de la demanda que son la inversión y las exportaciones. La inversión bruta en 2003 creció con respecto al año anterior pero quedó por abajo del 15 % del producto, es decir, sólo alcanza a reponer la amortización del capital consumido y para fines de 2004, según el Presupuesto Nacional, estará todavía un 40 % abajo del nivel alcanzado en 1998. La principal fuente de inversión es el sector privado, las empresas, la gente; por lo tanto, en los próximos años para

---

(36) En *La economía argentina explicada* se describieron las crisis recurrentes de la economía argentina: era habitual que una crisis profunda dejara lugar a políticas de estabilización que al no estar acompañadas de la solución de los problemas de fondo no alcanzan a modificar la situación y surgen nuevos inconvenientes que crean gran descontento social, y se agregaba: "En este punto se reclaman nuevamente **políticas activas** como los aumentos salariales por decreto (frecuentes en épocas de inflación) o las mejoras de ingresos para determinados sectores, activos o pasivos, los subsidios a empresas en dificultades, los subsidios a la exportación, los préstamos a industrias con tasas de interés subsidiadas y otras medias que sólo pueden pagarse con más gasto público o con endeudamiento... Volvemos así al inicio del ciclo". Oscar Gil, Ediciones Macchi, 1998.

incentivar la inversión privada, aparte de un clima favorable para los negocios, se necesitará crédito interno y financiación externa para sostener el crecimiento. El crédito interno es insuficiente a pesar de la muy alta liquidez que presentan los bancos que acumulan efectivo por encima de los requisitos legales y mantienen tasas de interés activas todavía elevadas en términos reales. El costo del crédito externo es inaccesible para la empresa privada mientras no se concrete el acuerdo con todos los acreedores de la deuda pública y se restablezca la confianza. Una estrategia de ventas al exterior tendría un efecto multiplicador muy superior al que se puede esperar del mercado interno, pero esto también requiere inversiones, la incorporación de nuevas máquinas y equipos y crear infraestructura moderna para una competitividad genuina.

La expansión monetaria, el otro impulsor de la demanda interna, también tiene sus límites porque puede ser una solución transitoria pero en el largo plazo termina con inflación ([37]). En el contexto de crisis posdevaluación (años 2002 y 2003), con tarifas de servicios públicos congeladas y sin crédito bancario, los precios se mantuvieron estables (después del pico inflacionario inicial); buena parte de la emisión monetaria se utilizó para comprar dólares, con el fin de mantener alto el tipo de cambio, y para eliminar las cuasi monedas, pero todo fue acompañado con una prudente política contractiva (emisión de Lebac y Nobac) para esterilizar parte del dinero emitido ([38]). Los resultados aceptables del corto plazo no deben llevar a insistir en políticas monetarias expansivas porque un resurgimiento de la inflación es muy difícil de controlar.

Por último, la sustitución de importaciones si bien puede tener alguna relevancia en determinados sectores, no puede tomarse como una fuente de crecimiento sostenible, ni tiene la dimensión requerida para un crecimiento importante del producto total (las importaciones representan alrededor del 10 % del PBI y de éstas son muy escasas las que son sustituibles por producción nacional).

Las experiencias en el país son muchas y aunque las condiciones internas y externas no son las mismas, cabe recordar que la ex-

---

(37) En el cap. IV se explicó la relación entre cantidad de dinero e inflación.

(38) Estas políticas también tienen algún costo que son los intereses que el Banco Central debe pagar para absorber los pesos que emitió.

pansión en la década del cuarenta fue impulsada por el consumo interno promovido por un mayor gasto público financiado con emisión monetaria, con recursos provenientes de las cajas de previsión social y con alguna mayor recaudación por la reactivación originada en la sustitución de importaciones. Los subsidios a empresas, la estatización de los servicios públicos y la explotación por parte del Estado de actividades que estaban en manos privadas, dio un fuerte impulso al mercado interno y a la producción. Simultáneamente fue creciendo la inflación, el déficit de la balanza de pagos, la desmonetización y la falta de crédito que interrumpieron el crecimiento.

En resumen, las políticas de emergencia que pueden tener resultados satisfactorios en el corto plazo, y mejoran las expectativas de la gente, deben acompañarse de modificaciones más profundas, de tipo estructural, para mantener el crecimiento en el largo plazo. El crecimiento sostenible tiene otros requisitos que se consideran en los capítulos siguientes.

Capítulo VII

Las cuentas con el exterior y el equilibrio macroeconómico

El balance de pagos

El balance de pagos es el complemento imprescindible para el análisis de la economía del país. De su consideración surge no sólo la información sobre el movimiento comercial con el exterior, sino también las operaciones financieras y los movimientos de capitales, y muestra el resultado de las relaciones del país con el exterior en diferentes años.

Según la definición de la Dirección Nacional de Cuentas Internacionales de la Secretaría de Política Económica del Ministerio de Economía, el balance de pagos es un estado estadístico (no es un registro contable) que resume las transacciones entre residentes del país y el resto del mundo [1].

El balance comercial, dentro de la cuenta corriente, refleja todas las transferencias de bienes (exportaciones e importaciones) entre residentes y no residentes que se registran por su paso por la Adua-

---

[1] El balance de pagos se confecciona sobre la base de estimaciones e informaciones tomadas de balances, cámaras empresarias, encuestas, estudios y supuestos en función del comportamiento de otros años (por este motivo se aclara que no es un registro contable). La metodología de cálculo se puede consultar por internet en **www.mecon.gov.ar**.

na (^{2}) y transacciones de servicios (pagos por fletes, viajes, seguros, comunicaciones, servicios financieros, personales y culturales). La cuenta corriente también registra los pagos por las rentas de inversión que son los intereses por inversiones directas, los intereses de los títulos públicos o privados (bonos) o de las deudas o créditos, y las utilidades y dividendos por la propiedad del capital. Los sueldos a residentes pagados a no residentes (por ejemplo, los pagados a empleados de embajadas en el país) se consideran en el rubro "otras rentas". El saldo de cada cuenta refleja el movimiento neto de todas estas operaciones. La cuenta corriente se completa con el rubro "transferencias corrientes" que son movimientos sin contrapartida (por ejemplo, una remesa de ciudadanos del país a sus parientes del exterior).

La cuenta de capital y financiera registra las transferencias de capital y las transacciones de activos y pasivos financieros. Entre los activos se cuentan las inversiones en participaciones accionarias y entre los pasivos financieros el endeudamiento con no residentes. Son ingresos de divisas, por ejemplo, las inversiones de extranjeros en el país, la compra de una propiedad por un extranjero, la compra de acciones o títulos por residentes en el exterior o créditos recibidos de un banco del exterior.

La suma de los saldos de la cuenta corriente y de la cuenta de capital y financiera, más los "errores y omisiones", es equivalente a la variación de las reservas internacionales en el período. Un saldo positivo de esas cuentas aumenta las reservas, y uno negativo significa una pérdida de reservas.

En la década del noventa la estructura característica del balance de pagos fue un saldo negativo de la cuenta corriente (por el crecimiento de las importaciones y por los intereses de la deuda) compensado por el saldo ampliamente positivo de la cuenta financiera (por el ingreso de capitales), característica diferente de la de años anteriores donde la cuenta financiera era deficitaria por la falta de capitales del exterior y podía ser compensada con un saldo positivo del balance comercial si se lograba reducir las importaciones. Por ese motivo, durante muchos años se limitaron las importaciones para ajustar el balance de pagos y evitar la pérdida de divisas.

---

(2) Las exportaciones e importaciones de bienes se presentan por su valor FOB (libre a bordo) que incluye el precio de la transacción más su flete, seguro y otros gastos de traslado y embarque.

El cuadro 1 contiene las estimaciones del balance de pagos de los últimos 10 años. Allí se puede apreciar el saldo de las cuentas hasta 1998, de mayor crecimiento, y su comportamiento posterior con recesión. La reducción de las importaciones por la baja de la producción permite un saldo positivo de la cuenta mercaderías que no pueden compensar los saldos negativos de los servicios reales. A esto se agrega la disminución del ingreso de capitales que a partir de 2001 ya tiene saldo negativo con gran pérdida de reservas internacionales.

	1992	1998	1999	2000	2001	2002
Cuenta corriente	-5.655	-14.530	-11.900	-8.807	-4.444	9.590
1. Mercaderías	-1.396	-3.097	-795	2.558	7.451	17.239
Exportaciones	12.399	26.434	23.309	26.410	26.610	25.709
Importaciones	13.795	29.531	24.103	23.852	19.159	8.470
2. Servicios reales	-2.557	-4.433	-4.106	-4.288	-3.908	-1.607
Exportaciones	2.984	4.704	4.554	4.740	4.367	2.934
Importaciones	5.540	9.136	8.660	9.027	8.275	4.540
3. Rentas	-2.473	-7.406	-7.397	-7.372	-8.213	-6.457
Rentas de invers.	-2.484	-7.399	-7.405	-7.376	-8.215	-6.448
Intereses	-1.492	-5.106	-5.855	-5.865	-7.379	-7.142
Util. y dividen.	-992	-2.293	-1.550	-1.511	-836	695
Otras rentas	11	-7	7	4	2	-10
4. Transferencias	770	406	398	294	227	414
Cta. capit. y financ.	9.220	18.414	13.635	9.654	-4.671	-11.772
Errores y omisiones	-278	-446	-533	-1.286	-2.969	-2.333
Variac. de reservas	3.287	3.438	1.201	-439	-12.083	-4.516
Fuente: Dirección Nacional de Cuentas Internacionales. Ministerio de Economía.						

Cuadro 1. Estimaciones del balance de pagos (en millones de dólares).

En 1998 el saldo del balance comercial fue deficitario en u$s 7.530 millones por el exceso de importaciones sobre las exportaciones (de mercaderías y servicios). Además, las rentas pagadas al exterior fueron u$s 7.406 millones, principalmente por el pago de intereses de la deuda (u$s 5.106 millones). La cuenta corriente arrojó un saldo negativo de u$s 14.530 millones. Éste es el ahorro externo que se necesitó para cubrir el exceso de inversión sobre el ahorro nacional según el siguiente detalle que surge de las cuentas nacionales:

Ahorro nacional bruto ([3]):   S = u$s 48.162 millones
Inversión bruta interna fija   · I = u$s 62.692 millones
Ahorro externo   S* = u$s 14.530 millones

El saldo negativo de la cuenta corriente fue compensado por el resultado positivo de la cuenta financiera (u$s 18.414 millones), que permitió aumentar las reservas internacionales en u$s 3.438 millones.

En 2001 el balance comercial fue positivo en u$s 3.543 millones (por reducción de las importaciones); sin embargo, la cuenta corriente siguió siendo negativa (-4.444 millones de dólares) ([4]) por el pago de intereses de la deuda (u$s 7.379 millones). En ese año ya la cuenta capital y financiera comenzó a ser deficitaria (salida de capitales por u$s 4.671 millones), perdiéndose divisas por 12.083 millones de dólares. En 2002, con menores exportaciones, el amplio saldo positivo del balance comercial, y de la cuenta corriente, no alcanzó para cubrir la salida de capitales por 11.772 millones de dólares, perdiéndose reservas internacionales por 4.516 millones. (Debe tenerse en cuenta que el balance de pagos registra estimaciones sobre operaciones devengadas en el período: los intereses de la deuda en default se contabilizan por los valores devengados sin tener en cuenta si fueron pagados o continúan impagos o adeudados.)

Todo esto muestra la relación que existe entre la economía interna y el sector externo y que un déficit de la cuenta corriente del balance de pagos puede estar originado tanto por el sector privado como

---

(3) Cálculo del ahorro nacional. El ingreso nacional bruto disponible es:

YNd = PBI - remuneración neta a factores del exterior + transferencias corrientes = C + S.

Ahorro nacional bruto: S = YNd − C.

Para 1998 era: PBI p. de m. = $ 298.948 millones

YNd = 298.948 - 7.406 + 406 = $ 291.949

S = YNd - C = 291.949 - 243.787 = $ 48.162 millones

(4) Para 2001:

PBI p. de m. = $ 268.697 millones.

YNd = 268.697 - 8.213 + 227 = $ 260.710 millones.

S = YNd − C = 260.710 - 223.202 = $ 37.508 millones.

S*= S - IBIF = 37.508 - 41.952 = - 4.444 millones.

por el público. La ecuación siguiente, derivada de la ecuación macroeconómica ([5]), hace posible un análisis más preciso al respecto:

$$(M - X) = (I - S) + (G - T)$$

El primer miembro de la ecuación es el déficit de la cuenta corriente del balance de pagos. En el segundo miembro, el primer paréntesis muestra el déficit del sector privado cuando el ahorro nacional no alcanza a cubrir las necesidades de inversión y el segundo paréntesis es el déficit del sector público, cuando el gasto es mayor que los ingresos fiscales. El déficit en la cuenta corriente, entonces, puede estar originado:

1. Por importaciones mayores que las exportaciones.

2. Porque el ahorro nacional disponible no alcanza a cubrir la inversión y se necesitará ahorro externo cuyos intereses engrosarán el ítem rentas de inversión.

3. Porque el déficit fiscal obligue a contraer préstamos o colocar títulos (deuda pública) cuyos intereses también se cargarán en la cuenta corriente.

4. Por una combinación de las tres causas anteriores.

La experiencia de los últimos años muestra que para lograr un equilibrio macroeconómico estable es necesario consolidar un balance comercial positivo, no por disminución de las importaciones sino por un aumento genuino de las exportaciones, pero también se requiere promover el ahorro nacional y evitar el déficit fiscal.

---

(5) $PBI + M = C + I + X$ o $Y = C + I + (X - M)$

El consumo es el consumo privado más el consumo público G (gasto público). Al considerar el gobierno también deben tenerse en cuenta los impuestos en ambos miembros de la ecuación (el ingreso nacional menos los impuestos es el ingreso disponible Yd):

$$Yd = C + I + (X - M) + (G - T)$$

Pasando términos: $Yd - C - I = (X - M) + (G - T)$ El ingreso disponible menos el consumo es el ahorro, por lo tanto $(S - I) = (X - M) + (G - T)$

o también: $(M - X) = (I - S) + (G - T)$

Necesidad de exportar

El país necesita aumentar las exportaciones para conseguir las divisas para pagar las importaciones (que seguramente deberán aumentar en los próximos años para recuperar la senda del crecimiento) y para cumplir con las obligaciones con el exterior que deben incluir el pago de la deuda y sus intereses. En segundo lugar, se necesita exportar para mantener un equilibrio más estable de la balanza de pagos sin tener que confiar en el ingreso de capitales del exterior para compensar un déficit de la cuenta corriente. En tercer lugar, las exportaciones sostienen el crecimiento productivo interno con genuino aumento del empleo.

Para esto se necesita una economía abierta y una estrategia de crecimiento orientada hacia el exterior. El coeficiente de apertura de la Argentina, medido por la suma de las exportaciones y las importaciones de bienes y servicios como porcentaje del PBI, difícilmente supera el 20 %; las exportaciones pocas veces alcanzan el 10 % del producto y las manufacturas apenas representan una tercera parte del total exportado, una de las economías más cerradas del mundo a pesar de un avance en los últimos años. La Argentina sigue exportando trigo, maíz, soja, manufacturas agropecuarias y energía aprovechando sus grandes ventajas naturales (y últimamente una importante devaluación). Pero esto no es suficiente para generar una real política exportadora.

Sin dejar de lado las exportaciones agropecuarias que son la base actual del comercio exterior argentino, debe promoverse las exportaciones de productos manufacturados, con mayor valor agregado y que requieren inversiones en investigación y tecnología. Dentro de estos productos, según un informe de la UNCTAD (Conferencia de las Naciones Unidas sobre el Comercio y Desarrollo) se destacan en primer lugar los microcircuitos electrónicos y siguen los equipos para la elaboración de datos, las unidades de almacenamiento digital, transmisores y receptores de televisión, radiotelegrafía y radiotelefonía, medicamentos y productos de la biotecnología y aparatos relacionados con las telecomunicaciones. Ninguno de estos productos son exportaciones habituales de la Argentina.

Los recursos naturales ya no son los únicos impulsos de la riqueza de las naciones. Cada vez tienen mayor importancia las industrias ligadas al conocimiento, que dependen de la investigación y de la inteligencia humana. Por ese motivo, para crecer hacia el exterior se necesita un mercado abierto a las importaciones, reduciendo o eliminando las restricciones arancelarias o paraarancelarias que dificultan la inversión y la incorporación de tecnología. Si esto no se hace por temor a la competencia del exterior volveremos a la industria mediocre e ineficiente de las últimas décadas, incapaz de colocar sus productos en los mercados internacionales.

Las ventajas comparativas y una cultura exportadora

El comercio internacional se basa en las ventajas comparativas de los países, en precio y calidad de sus productos. Ningún país es competitivo en todo pero puede tener ventajas comparativas en alguno de sus bienes que le permitan una mejor inserción en el mercado internacional y esas ventajas no sólo son las brindadas por la naturaleza (buen clima, suelos adecuados, abundancia de minerales, etc.) sino que también se pueden adquirir agregando valor a las exportaciones.

El valor agregado no sólo es mayor tecnología que permite mejorar el producto (desde su calidad hasta su presentación), sino también una mejora en los sistemas de producción y reingeniería de los costos. Con este sentido amplio, se debe tratar de aumentar el valor agregado no sólo en la producción manufacturera, sino también en los servicios y en la producción agropecuaria, donde se tendría que obtener un mayor grado de elaboración de cada producto para mantener en el país la más completa ocupación de los factores de la producción. Para esto, las condiciones internas deben hacer más redituable producir en el país que exportar la materia prima.

Se debe instalar una cultura exportadora que no existe en el país por haber tenido, durante muchos años, la posibilidad de abastecer al mercado interno y la exportación estaba limitada a las grandes empresas productoras o exportadoras. No hace mucho tiempo una importante cámara empresaria de la provincia de Buenos Aires justificaba sus planes para las PyMEs (pequeñas y medianas empresas) dirigidos exclusivamente al consumo interno, bajo el argumento que "si se duplicaran las exportaciones tendría un impacto menor a un eventual crecimiento del mercado interno de un 20 %". Esta difundida apreciación no ayuda al crecimiento de las exportaciones ni al desarrollo del país. Un informe anual de la UNCTAD ([6]) es claro al citar las ventajas de la exportación: "Exportar fuerza las capacidades mismas en las que se sustenta la competitividad: obliga a las empresas a afrontar normas superiores, les proporciona oportunidades de tener acceso más fácil a la información y las somete a las mayores presiones de sus competidores".

Es cierto que la exportación requiere un mayor esfuerzo. Se necesita una buena información sobre el país, las características del mercado, conocer las preferencias de los consumidores y los requisitos sobre el producto que se va a vender (registros, impuestos, cadena de comercialización, contratos, formas de pago, leyes laborales, etc.). Pero las pequeñas empresas también necesitan financiación para encarar la exportación.

La experiencia de otros países enseña la conveniencia de la asociación de empresas de similares características para emprender juntas el negocio exportador. En la Argentina, la Fundación Export.Ar junto con la Secretaría de la Pequeña y Mediana Empresa y otras organizaciones empresarias, como la Fundación BankBoston, trabajan en la conformación de grupos y consorcios exportadores ([7]). La ventaja de una asociación es tener asesoramiento profesional, lograr costos más bajos para conquistar mercados, permitir el intercambio de conocimientos sobre nuevos mercados y el uso común de instalaciones y representaciones en el exterior. La contribución del sector público consiste en garantizar las ventajas competitivas: diversificar y estimular las exportaciones de productos y servicios, proveer de información al sector exportador y apoyar los contactos con potenciales compradores extranjeros ([8]).

---

(6) Informe Anual de la Conferencia de las Naciones Unidas sobre el Comercio y el Desarrollo. 2002.

(7) Ya existen en el país alrededor de 70 consorcios exportadores que agrupan a más de 600 empresas pertenecientes a distintos sectores que abarcan alimentos, textiles, muebles, marroquinería, equipamiento industrial, servicios y construcción, entre otros. Estos grupos están siendo coordinados por entidades oficiales y privadas relacionadas con la exportación que brindan asesoramiento para identificar posibles clientes en el exterior, para el seguimiento de un plan de trabajo, capacitación de empresarios y ayuda para publicidad grupal y, siguiendo el modelo italiano, tratarán de formar una federación de consorcios. Mientras tanto, en el Congreso de la Nación se está considerando una ley que facilite en funcionamiento de estos consorcios permitiendo a las empresas fusionarse para las ventas al exterior o la contratación de fletes y compra de insumos, pero manteniendo su individualidad.

(8) Puede consultarse *Exportar para crecer* de Martín Redrado, Editorial Planeta.

Las PyMEs italianas, que exportan cerca del 57 % del PBI de ese país y emplean el 80 % de la fuerza laboral, se integran en consorcios de exportación formados como mínimo por ocho pequeñas y medianas empresas con especialización por zona geográfica. La Federación Italiana de Consorcios de Exportación fue creada en 1974 y pone a disposición de las PyMEs distintos servicios desde financieros (acceso al crédito) hasta el apoyo en los mercados del exterior, y cuenta con la colaboración del gobierno nacional y de los municipios regionales. Estas PyMEs son muy especializadas (en general, de un tamaño mayor que las argentinas) y viven de la economía abierta; su alta creatividad en diseño y calidad está motivada por la decisión de penetrar en los mercados del exterior. Ésta es la cultura exportadora que falta en gran parte de la dirigencia empresaria argentina [9].

Este aspecto también es importante en la exportación de productos agropecuarios. En el mundo existe hoy un debate sobre la incorporación de modificaciones genéticas en las semillas y en productos agrícolas que debe profundizarse en el país y difundir claramente sus conclusiones [10]. Pero hay deficiencias en la comercialización cuya solución podría significar mejoras en la exportación. Un ejemplo es la venta de trigo, uno de los principales cereales producidos y exportados por la Argentina [11] que se ofrece al mundo en una mezcla sin diferenciar calidades, cuando los países competidores como Australia presentan más de 45 clases, o Canadá que tiene alrededor de 100 tipos de trigo, con distinto destino y precio. En el sector agrícola todavía hay margen para actuar sobre la comercialización desde las mismas explotaciones (invirtiendo en almacenamiento), pasando por la intermediación y terminando en el vendedor (exportador o industria) o vendiendo en los mercados a término (con operaciones de futuro u opciones).

---

(9) Se calcula que la participación de las PyMEs de la Argentina en las exportaciones totales es menor al 10 %. En países como Italia o España su participación supera el 50 % del total exportado.

(10) La producción agrícola argentina aumentó alrededor del 80 % en los últimos 10 años, sin embargo la producción potencial es mucho mayor a la actual. Los rendimientos de algunos de los principales cultivos (trigo, maíz, girasol) según el INTA están un 30 % debajo de su rinde potencial y no sería entonces una utopía llegar a los 100 millones de toneladas de granos; con la tecnología actual habría que utilizar más de doce millones de hectáreas adicionales pero con tecnología de punta la misma meta se obtendría agregando sólo algo más de cinco millones de hectáreas.

(11) La producción y exportación agrícolas se concentra en el trigo y en el maíz, entre los cereales, y en la soja entre las oleaginosas (se exporta aceite y harina de soja).

La ganadería tiene otros problemas. Por un lado, la "mejor carne del mundo" se cotiza en el exterior a un precio mucho menor que la de Australia u otros países productores. Por otro lado, la oferta argentina está estancada, desde hace más de cincuenta años, en alrededor de 50 millones de cabezas de vacunos. La baja cotización de la carne tiene su origen en la existencia de aftosa (ahora nuevamente erradicada), brucelosis y tuberculosis vacuna, en el deficiente control del organismo responsable de la sanidad animal (Servicio Nacional de Sanidad y Calidad Agroalimentaria —Senasa—) y en el incumplimiento de las normas existentes para verificar el origen del ganado (desde el campo hasta el puerto de embarque). Las empresas frigoríficas tampoco cumplen con las normas establecidas internacionalmente para el proceso de industrialización ([12]).

La demanda de carne vacuna aumentó en los últimos años (a pesar de las barreras proteccionistas); sin embargo, el stock de los rodeos argentinos no aumenta, aunque los técnicos estiman que es posible producir y exportar más carne ([13]). Para eso se necesita una

---

(12) A pesar de la devaluación, los frigoríficos exportadores tienen graves problemas por la caída de los precios internacionales y por el aumento en el precio del novillo pesado (más de 250 % en pesos). Brasil y otros países son más competitivos para abastecer los mercados que deja Argentina:

Exportaciones de carne vacuna (en miles de toneladas)

	1998	2000	2002
Argentina	303	357	280
Brasil	306	492	838

(13) Stock ganadero y faena

Año	Cantidad de cabezas (en millones)	Faena (en millones)
1991	54	13,8
1995	56	12,8
1998	50	11,3
2002	48	11,5

La tasa de extracción (relación entre las existencias de ganado y la faena) fluctúa entre 24 y 25 % y equivale a 2,5 millones de toneladas de carne aproximadamente. Si el stock de ganado baja de los cincuenta millones de cabezas (con la misma tasa de extracción) el país podría quedarse sin excedentes para exportar. Las existencias de ganado tienen relación con los precios internacionales de los granos. La mejora de estos

...///

estrategia orientada a los productos que los mercados del exterior demandan, con calidad y seguridad sanitaria, que podría conseguirse con la "certificación" de los novillos según normas tipificadas en cuanto pelaje, peso, grasa, músculos, dientes, etc. Con un producto diferenciado y confiable se puede pasar a la etapa de marketing y promoción en el exterior para volver a vender "la mejor carne del mundo" [14].

Los puertos

Pero la exportación también depende de otros factores que son responsabilidad del Estado como el régimen legal, las retenciones que reducen la competitividad y la infraestructura portuaria. Las exportaciones de cereales necesitan vías de comunicación y puertos de aguas profundas que permitan la carga de buques de gran calado [15],

---

///...

precios en los últimos años hizo que los productores utilizaran las mejores tierras para cultivar trigo, maíz y soja relegando la ganadería a un segundo plano. En la medida en que no se produzca una modificación en los precios relativos es difícil que cambie esta situación.

El aumento de la productividad (mayor tasa de extracción) depende del mejoramiento sanitario de los rodeos, de la comercialización, de la evasión impositiva y de las operaciones marginales que crean una competencia desleal en el sector (hay cálculos que estiman que con una tasa de extracción del 29 % se lograría medio millón más de toneladas de carne para la exportación).

(14) Luego de la veda a las exportaciones argentinas por el rebrote de la fiebre aftosa, se reanudaron en 2002 las exportaciones a Europa. El Senasa habilitó cerca de 70 frigoríficos autorizados a exportar pero organismos sanitarios de defensa del consumidor de la Unión Europea y de los EE.UU. (incluso la Oficina Antifraude de la UE) realizaron varias inspecciones sorpresivas que encontraron deficiencias y falta de documentación en las plantas auditadas. A mediados de 2003 el Senasa inhabilitó a 17 de los frigoríficos antes autorizados creando serias dudas, en el país y en el exterior, sobre la calidad o la seriedad de los controles del organismo sanitario.

Para cumplir con el riguroso reglamento de la Unión Europea, el Senasa dispuso que a partir de agosto de 2003 todos los animales con destino a la exportación deben contar con un dispositivo identificatorio en su oreja, de tipo inviolable, además del registro que debe llevar el productor.

(15) El flete incide fuertemente en el traslado de productos de gran volumen pero de bajo valor agregado como los *commodities* agrícolas o minerales.

con instalaciones complementarias, como los silos elevadores de granos. Las exportaciones granarias argentinas se realizan preferentemente por los puertos sobre el río Paraná y en el Puerto de Bahía Blanca, mientras que en el Puerto de Buenos Aires se concentra el comercio de exportaciones e importaciones en contenedores.

En los años noventa se construyó una parte de la denominada Hidrovía desde el Puerto de Santa Fe hasta Rosario, con 22 pies de calado, y desde Rosario hasta la desembocadura del Paraná con 32 pies, incluyendo obras de señalización y balizamiento. El progreso del transporte fluvial en ese tramo fue notable y de beneficio para los puertos ubicados en el Paraná inferior, a pesar del precio del peaje [16]. El proyecto original de la Hidrovía Paraná-Paraguay comprendía la profundización a 10 pies del Paraná desde el Puerto de Santa Fe hasta Corumbá, en Brasil y Puerto Quijarro, en Bolivia, con la intención de reducir el costo de fletes y mejorar la competitividad de la producción que se origina en la cuenca fluvial del sistema Paraná-Paraguay y convertirse en una vía económica para el comercio con Brasil. Esta segunda etapa, postergada en los noventa, se reiniciaría en 2004.

Los puertos bonaerenses de Ingeniero White y Puerto Galván, en Bahía Blanca, son otros de los puertos cerealeros de aguas profundas que necesitan periódicamente obras de dragado en el canal de acceso para llegar a los 45 pies; en los últimos años, con una administración mixta, se realizaron mejoras en su infraestructura que bajaron los costos de operación. Puerto Madryn, en Golfo Nuevo, es por sus características naturales (profundidad, aguas protegidas, seguridad de acceso) uno de los más grandes y mejores puertos, pero su infraestructura es reducida, no es puerto cerealero y se destina a las operaciones de la fábrica de aluminio, abastecimiento de buques pesqueros y comercialización de los productos del valle de Río Negro. Con respecto al Puerto de Buenos Aires, su canal de acceso, a cargo de la Administración General de Puertos, no está dragado convenientemente, lo que dificulta las operaciones de los grandes y modernos buques portacontenedores.

---

(16) Con anterioridad a este trabajo los buques que cargaban cereal en estos puertos debían completar carga en alta mar (buque a buque) o en el Puerto de Bahía Blanca donde para esta operación llegaba a demorar más de un mes, con los consiguientes costos.

Las exportaciones y las zonas comerciales

Las áreas o zonas comerciales, primera fase en la integración de una unión económica entre países, tienen la finalidad de ampliar el comercio entre los miembros y mejorar la negociación con el resto del mundo ([17]). El Mercosur luego de cinco años de avances considerables, entre 1995 y 2000, detuvo su marcha por las graves dificultades políticas y económicas de los países que lo componen (Argentina, Brasil, Paraguay y Uruguay). El primer objetivo de la unión aduanera quedó inconcluso, igual que el establecimiento de un arancel externo común para comercializar con los países extrazona y la revisión de políticas de subsidios nacionales para determinadas actividades. Todos éstos son temas que darán lugar a largas deliberaciones hasta encontrar coincidencias mínimas, aunque se deban dejar de lado proyectos de integración monetaria que sólo serán posibles con políticas macroeconómicas comunes. Pero resulta imprescindible impulsar inmediatamente la reanudación de su funcionamiento pleno porque su inacción perjudica a los países miembro. La finalidad de la integración en zonas comerciales no es sólo promover el comercio entre los países miembro (comercio intrazona) sino también realizar acuerdos comerciales con otros países o con otras zonas comerciales. Salvo con Chile y Bolivia, el Mercosur no avanzó en otros acuerdos de integración y esto significa perder posibilidades de comercio y ceder paso a otros países o regiones mucho más activas.

Continuar afianzando el Mercosur no significa abandonar la negociación con otras zonas económicas, como la Unión Europea que concentra los países con mayor riqueza del mundo, o con nuevos proyectos de integración como el Área de Libre Comercio de las Américas (ALCA) que en noviembre de 2002 inició la última fase de negociaciones, que se extenderán hasta enero de 2005, bajo la copresidencia de los Estados Unidos y Brasil. Sería lamentable que, por prejuicios ideológicos o por el temor a las diferencias en el desarrollo económico de los países involucrados, la Argentina quede al margen de un emprendimiento que podría ampliar significativamen-

---

(17) Consultar nota (12) del cap. I.

te las exportaciones argentinas en la medida en que todos los países involucrados acepten eliminar las medidas proteccionistas y los subsidios a todos los productos, incluyendo a los agropecuarios ([18]). Negociar dentro del ALCA, junto con otros países, permitirá discutir reglas de juego claras, normas de aplicación equitativas y mecanismos de solución de controversias que garanticen la igualdad de derechos entre los miembros y evitar las situaciones indeseadas.

Perspectivas de nuevos negocios

La evolución de la economía mundial está brindando una gran oportunidad para las ventas al exterior más allá de las prácticas proteccionistas. La expansión del comercio internacional y el crecimiento global conforman un significativo aumento de la demanda externa. El desarrollo actual de muchos países no sólo crea oportunidades para la venta de bienes primarios, sino que son fuente de una demanda más sofisticada de alimentos y de manufacturas. La reciente expansión de China con su integración al sistema económico capitalista y la radicación en ese país de gran cantidad de inversiones directas, está cambiando el mercado interno y las pautas de consumo de la población; de ser grandes consumidores de soja y arroz pasarán en poco tiempo a demandar otros alimentos y bienes que la Argentina le puede vender, a pesar de las distancias, el idioma y las costumbres ([19]). Sólo hace falta desarrollar esa cultura exportadora a la que se hizo referencia en este capítulo.

---

(18) Un estudio de la cancillería argentina muestra que las exportaciones podrían aumentar 53.000 millones de dólares anuales, principalmente por las ventas de los sectores de artefactos mecánicos, vehículos, maderas y muebles, productos químicos, hierro y acero, plásticos, papel, caucho, carnes y cereales. Martín REDRADO, secretario de Relaciones Exteriores y Comercio Internacional, noviembre de 2002.

(19) El significativo aumento del comercio internacional de China provocó en 2003 un aumento de casi el 200 % en los fletes marítimos en dólares por la falta de barcos y bodegas y un alza de más del 20 % en el alquiler de los contenedores.

Capítulo VIII

El sector público

Las cuentas del sector público

El análisis de la economía del país, y su trayectoria, comenzó a través de las cuentas macroeconómicas de la oferta y la demanda, después se agregó la consideración de las relaciones con el exterior, por medio del balance de pagos, y ahora se centra el estudio en las cuentas fiscales, con la siguiente apertura: los ingresos del sector público, el gasto público, el resultado de la gestión y, por último, el financiamiento del déficit fiscal y la deuda pública.

El sector público comprende la Administración Central (Presidencia de la Nación, ministerios y secretarías, Poder Legislativo Nacional, Poder Judicial, Fuerzas Armadas y Fuerzas de Seguridad), organismos descentralizados (que tienen personería jurídica y patrimonio propio), Instituciones de la Seguridad Social (ANSeS, Cajas de Retiros y Pensiones de Personal Militar y de la Policía Federal y ex Cajas provinciales en la órbita del Estado Nacional) y empresas públicas no financieras y entes residuales de ex empresas públicas. No se incluye a las Empresas Binacionales como, por ejemplo, las hidroeléctricas Yaciretá y Salto Grande. Los gastos e ingresos operativos del Banco Central tampoco se incluyen en estas cuentas, aunque sí los aportes del Tesoro Nacional (se registran como transferencias corrientes) y el resultado cuasifiscal del Banco Central (por los intereses de las reservas internacionales en poder del Banco y que se transfieren al Tesoro, registrándose como recursos no tributarios) ([1]).

Los ingresos públicos

Los ingresos se clasifican en "ingresos corrientes" e "ingresos de capital". Entre los primeros se cuentan los ingresos tributarios (impuestos), las contribuciones a la seguridad social (los aportes patronales y los personales), ingresos no tributarios (tasas, derechos, intereses percibidos, transferencias corrientes) y el superávit operativo de empresas públicas. Los ingresos no corrientes o de capital son los provenientes de privatizaciones, parciales o totales, de empresas públicas o mixtas, o de la venta de muebles e inmuebles.

Históricamente, a pesar de la profusa cantidad de gravámenes, casi el 80 % de los recursos tributarios se concentraban en tres impuestos: IVA, ganancias e impuestos al trabajo. A partir de 2002, se restablecen las retenciones a las exportaciones de productos agropecuarios y sus derivados que pasaron a constituir un recurso fiscal importante, aunque polémico porque grava justamente la actividad que se pretende promocionar. También en el mismo año vuelve el llamado "impuesto inflacionario" que permite elevar la recaudación porque los aumentos en los precios elevan la base imponible, y por lo tanto se paga un impuesto nominal mayor.

Con respecto al sistema tributario se necesita una profunda reforma en el diseño de los impuestos y en su administración, para reducir su cantidad simplificando así la recaudación y haciendo más efectivo su control. Uno de los graves problema del país en las cuentas fiscales es la evasión del pago de impuestos por parte del público y de las empresas. Eludir el pago de impuestos es un comportamien-

---

(1) El Grupo de Monitoreo Macroeconómico (GMM) constituido por los países integrantes del Mercosur establece las metodologías que deben seguir los países a fin de armonizar las estadísticas fiscales. Manifiestan que los indicadores deben abarcar la totalidad de las jurisdicciones del gobierno nacional y los gobiernos provinciales y todas las empresas públicas (nacionales, provinciales o municipales). Sólo se excluye a los bancos oficiales cuya principal finalidad sea la intermediación financiera. Se incluye, en cambio, al Banco Central, debido a la disparidad de funciones que tiene en los distintos países.

to habitual en la Argentina, no sancionado por la sociedad como una falta de ética, como ocurre en otros países, y siempre justificado por la ausencia de una contrapartida en las prestaciones que corresponden al Estado.

Otra causa de evasión es la economía marginal o "en negro", es decir, aquellas actividades que, como se explicó en el cap. V, no están registradas y que se concentran especialmente en comercios minoristas, producciones familiares, pequeñas fábricas proveedoras de otras actividades, servicios profesionales y servicios para otras empresas, o en actividades registradas pero que tienen personal no declarado y sobre el que no realizan aportes de ninguna naturaleza (ni los patronales ni los que corresponden a los empleados). Se estima que serían más de cuatro millones los trabajadores en estas condiciones y que la economía marginal alcanzaría una tasa de evasión cercana al 50 % [2].

Una reforma impositiva con el objetivo de eliminar o reducir la evasión debe tener en cuenta dos aspectos fundamentales: reducir las alícuotas de los impuestos que más se evaden para facilitar la recaudación, haciendo más homogénea la presión fiscal sobre todos los contribuyentes [3], y ejercer mayor control y aumentar las sanciones sobre los evasores, es decir, evitar que sea fácil evadir y que el riesgo de enfrentarse a una severa sanción sea despreciable, especialmente para los grandes y consuetudinarios evasores. El cuadro 1 muestra la evolución de los ingresos corrientes y los recursos de capital entre 1993 y 2002 donde se puede observar las variaciones en los ingresos tributarios con alguna baja en 1995 ("crisis del tequila") y una importante caída en 2001. La creación del sistema de jubilación privado por medio de las Administradoras de Fondos de Jubilaciones y Pensiones (AFJP) en 1994 desvió fondos que se dirigieron a esos organismos. Los menores ingresos que recibe el viejo sistema de reparto deberían compararse con las menores erogaciones que le correspondieron a partir de ese momento, aunque esa reducción debería ser progresiva en el tiempo. Según un informe ya citado del Banco Mundial [4], la caída del

---

(2) Alrededor del 60 % del empleo marginal se concentra en empresas de 1 a 5 empleados.

(3) Recordar la "curva de Laffer" que muestra que la recaudación aumenta a medida que suben las alícuotas impositivas pero a partir de cierto nivel de imposición la recaudación crece cada vez menos hasta llegar a disminuir cuando son muchos los que comienzan a evadir el pago de los impuestos.

(4) *El sistema previsional y la crisis de la Argentina*, Banco Mundial, 2003.

ingreso en 2002 provocada por la existencia del sistema de jubilación privado, fue del 1,15 % del PBI, pero las erogaciones estatales en caso de no haber existido esa reforma hubieran sido 1,05 % del PBI mayores a las liquidadas ese año. Por lo tanto, según ese informe, el efecto fiscal fue del 0,1 % del PBI, con tendencia a reducirse. Con respecto a la recuperación de los ingresos en 2002 que muestra el cuadro tiene su justificación en la inflación de ese año (la información es en precios corrientes y no a precios constantes) y en nuevos impuestos como las retenciones a las exportaciones agropecuarias.

	1994	1995	1998	2000	2001	2002
Ingresos corrientes	50.271	49.038	56.217	56.169	51.130	55.727
Tributarios	31.614	31.035	40.363	40.672	37.165	40.034
Seguridad social	14.084	13.705	11.990	10.684	9.640	9.710
No tributarios	2.041	1.710	2.148	2.085	2.072	2.701
Ingr. de operación	1.439	1.091	277	1.039	891	869
Rentas de propied.	579	1.072	1.054	980	762	2.056
Otros	514	425	385	709	600	357
Recursos de capital	807	1.256	509	401	188	97
Ingresos totales	51.078	50.294	56.726	56.570	51.318	55.824

*Cuadro 1. Ingresos del Sector Público Nacional no Financiero
(en millones de pesos corrientes).*

El gasto público

El denominado gasto público del gobierno nacional es el gasto incurrido por la administración central y los organismos que corresponden al sector público antes detallados. Los egresos, igual que los ingresos, son computados en el momento que se realiza el movimiento de fondos con independencia del ejercicio fiscal en el que se encuentran devengados (base caja).

De las distintas clasificaciones que habitualmente se hace al gasto público resulta útil analizar la apertura por finalidad o función, de acuerdo con los siguientes ítem:

a) **Funcionamiento del Estado**: es el gasto operativo, remuneraciones, etc., de la administración general, Poder Judicial, Fuerzas Armadas, etc.

b) **Gasto público social**: comprende el gasto en previsión social (jubilaciones y pensiones), educación (básica, superior, universitaria y ciencia y técnica), salud (atención pública y obras sociales) y trabajo (programas de empleo y desempleo, y asignaciones familiares).

c) **Servicios económicos**: incluye la inversión pública y subsidios y fondos especiales en los sectores de producción primaria, industria, energía y servicios (transporte, comunicaciones, etc.).

d) **Servicios de la deuda pública**: los intereses de los títulos públicos y de los préstamos efectuados al país.

El cuadro 2 presenta el gasto público nacional, de acuerdo con esta clasificación, para 1980, 1990, 2000 y 2002, a precios constantes de 2001. Son varias las conclusiones que surgen a partir de esos datos:

	1980	1990	2000	2002
Funcionamiento del Estado	7.520	4.241	6.857	4.500
Gasto social	23.345	21.674	30.468	21.352
Servicios económicos	12.567	8.339	1.644	884
Servicios de la deuda	5.665	2.878	9.974	4.385
Gasto total	**49.097**	**37.132**	**48.943**	**31.121**
Gasto primario (1)	**43.432**	**34.254**	**38.969**	**26.736**
Gasto primario/PBI	21 %	19 %	14 %	11 %
(1) Deducidos servicios de la deuda. **Fuente**: Sobre la base de datos de la Secretaría de Política Económica del Ministerio de Economía.				

Cuadro 2. Gasto público del gobierno nacional
(en millones de pesos de 2001).

En las últimas dos décadas (1980-2000) se mantuvo el volumen del gasto público aunque varió su composición con aumento del gasto social y disminución de la inversión pública y subsidios que se observa por la fuerte caída del rubro servicios económicos. El gasto primario, sin incluir los servicios de la deuda, se redujo en términos reales y como porcentaje del producto de cada año, pero debe recordarse que en la última década el Estado se desprendió de la operación de los servicios públicos, de varias empresas públicas con fuerte gasto y de algunas prestaciones que pasaron a las provincias, aunque por otro lado se hizo cargo de las deficitarias cajas previsionales provinciales.

Como se muestra en ese cuadro, alrededor del 60 % del gasto público corresponde al gasto social y esta circunstancia da sustento al argumento de imposibilidad de reducción del gasto porque ello significaría reducir las jubilaciones u otras erogaciones para la previsión social, o bajar el presupuesto de educación o el de salud. La paradoja es que el gasto social no difiere demasiado del que realizan los países desarrollados; sin embargo, los beneficios no llegan a la gente y la percepción popular es la de un Estado inexistente para las necesidades de la gente: las jubilaciones y pensiones no cubren ni la alimentación básica, los hospitales públicos carecen de los insumos esenciales, hay niños que mueren por insuficiencias alimenticias o sanitarias, los docentes están mal remunerados y en todos los niveles de enseñanza hay problemas por un presupuesto escaso. El problema no parece ser del nivel del gasto, sino de su administración.

Desde 2003 el gasto público nacional siguió aumentando aunque la proporción Gasto/PBI no muestra ese crecimiento; esto se debe a que el Producto a precios corrientes creció por la reactivación y por el aumento en los precios de los bienes mientras que las erogaciones, que en gran proporción son sueldos, jubilaciones y pensiones que no fueron actualizadas (un primer ajuste en los mínimos de los salarios del sector público y las jubilaciones se produce hacia mediados de 2004), deprimen el volumen total del gasto. Por ese motivo nuevos gastos y mayores subsidios no parecen alterar la relación con el producto.

Pero ésta es sólo una parte del gasto público del país. Es el gasto del gobierno nacional al que hay que agregar las erogaciones de las provincias, las de la ciudad de Buenos Aires y las de las municipalidades. Así se obtiene el gasto público consolidado, el gasto en todo el país. El cuadro 3 muestra el gasto público de las provincias y Gobierno de la Ciudad de Buenos Aires, con la misma apertura del primer cuadro para su comparación.

	1980	1990	2000	2002
Funcionamiento del Estado	4.730	3.940	8.225	5.203
Gasto social	11.799	12.445	24.852	16.305
Servicios económicos	4.672	1.742	2.784	1.509
Servicios de la deuda	169	166	1.841	972
Gasto total	**21.370**	**18.293**	**37.702**	**23.989**
Gasto primario (1)	**21.201**	**18.127**	**35.861**	**23.017**
Gasto primario/PBI	10 %	9 %	13 %	10 %

(1) Deducidos servicios de la deuda.
Fuente: Sobre la base de datos de la Secretaría de Política Económica del Ministerio de Economía.

Cuadro 3. Gasto público de los gobiernos provinciales y GCBA (en millones de pesos de 2001).

Una gran proporción del gasto de las provincias son sueldos de personal (en muchas, el empleo público es la mayor posibilidad laboral), por ese motivo para considerar la evolución del gasto en el cuadro 3 se muestra la evolución del gasto en personal.

	1991	2000
Personal de planta	1.097.764	1.360.000
Gasto en personal (1)	8.431	18.016

(1) En millones de pesos.
Fuente: Ministerio de Economía. Coordinación Fiscal con Provincias.

Cuadro 4. Gasto en personal de las provincias y el Gobierno de la Ciudad de Buenos Aires.

En los diez años que van de 1991 a 2000 las veintitrés provincias y la ciudad de Buenos Aires, incrementaron la nómina de personal en 21 % y el gasto en salarios en 114 %. En ese período, el mayor crecimiento lo registra la provincia de Buenos Aires que aumentó su planta en más de 50 % (de 282.680 a 428.408 personas) y el gasto salarial pasó de 2.212 millones a 5.464 millones de pesos, un crecimiento de 147 %. Como referencia, el personal ocupado por el gobierno nacional (Administración Central, fuerzas de seguridad y

organismos descentralizados) sumaba 436.693 personas en 2000 ([5]).
Debe recordarse que a partir de 1993 se transfirió a las provincias
buena parte del gasto en educación y salud, con el consiguiente aumento de la nómina salarial.

La mayoría de las provincias obtienen sus recursos fundamentalmente de la coparticipación federal de impuestos, que tiene como
finalidad redistribuir una parte de los fondos recaudados favorecien-
do a las provincias menos desarrolladas que no tienen posibilidad de
obtener sus recursos. Sin embargo, estos aportes muy pocas veces
fueron destinados a inversiones dirigidas a salir de la situación de
pobreza y atraso económico.

Hacia principios del siglo XX el sistema tributario argentino era
realmente federalista. La Nación sólo financiaba una parte mínima del
gasto público provincial. Con el transcurso del tiempo, la situación se
fue invirtiendo; desde la década del treinta las provincias cedieron la
potestad tributaria a la Nación que se quedaba con el 71 % de los
impuestos coparticipables y distribuía a las provincias el 29 % en
proporción a la recaudación de cada una. En 1973, al crearse el impuesto al valor agregado, se modifica el sistema, y los impuestos comienzan a repartirse en partes iguales entre Nación y provincias,
quedando un pequeño porcentaje para un fondo compensador. También se cambió el sistema de distribución y las provincias de mayor
producción subsidian a las más pobres ([6]). Desde 1988 se copartici-

---

(5) Distribución de los recursos humanos del Sector Público Nacional. Año 2000
(personal permanente):

Administración Central		228.548
Presidencia y ministerios	23.283	
Fuerzas Armadas y de seguridad	174.244	
Otros organismos del PEN	31.021	
Organismos descentralizados		56.421
Instituciones de seguridad social		6.318
Universidades nacionales		112.952
Sistema financiero		25.003
Empresas y secretarías del Estado		7.451
Total		**436.693**

Fuente: INDEC. Cuadro recursos humanos 1996/2000.

(6) Más del 60 % del gasto público de las provincias se financió en los últimos años
con los aportes coparticipados y aportes del Tesoro Nacional. En algunas provincias
(Catamarca, La Rioja y Formosa) más del 90 % del gasto se cubre con esos aportes; esas
provincias recaudan menos del 10 % de lo que gastan y según algunos analistas no
existe por lo tanto vocación ni para mejorar la recaudación ni para reducir el gasto.

pan todos los impuestos nacionales, con excepción de los derechos de importación y exportación, los de asignación específica y de regímenes especiales, con la siguiente distribución: 42 % a la Nación, 57 % a las provincias y 1 % para Aportes del Tesoro Nacional (ATN), que tienen como finalidad atender situaciones de emergencia y que es liquidado discrecionalmente por el gobierno sin necesidad de rendir cuentas.

La última reforma constitucional establecía que debía aprobarse un nuevo sistema de coparticipación federal de impuestos antes de 1997. Esto no se cumplió, y la reforma que está pendiente divide las opiniones entre los que proponen descentralizar la recaudación volcando sobre las provincias esa responsabilidad para conseguir una correspondencia entre el gasto y los recursos y quienes prefieren mantener un régimen de recaudación central con una distribución razonable y con mecanismos que vinculen la recaudación con el gasto. La enorme disparidad de recursos y de desarrollo entre las provincias hace indispensable algún mecanismo de compensación para equiparar las oportunidades de los ciudadanos del país. Un loable objetivo de política económica que no debe ser desvirtuado utilizándose los fondos para alimentar mayor burocracia.

Urgidas por la crisis, los malos resultados fiscales, y a instancias del FMI, catorce provincias aceptaron firmar en 2002 un pacto fiscal por el que se comprometían a reducir a la mitad el déficit fiscal de cada una a cambio de la financiación de la Nación del déficit restante. Paralelamente se convenía pasar a la Nación la deuda provincial con los bancos por medio de un bono del Estado a 16 años que las provincias devolverán con el 15 % de sus fondos coparticipables. Con la ayuda de la inflación y del diferimiento del pago de intereses, las provincias lograron bajar el déficit fiscal en mayor medida que la acordada, reducción que se deberá mantener en los próximos años al normalizar el pago de las obligaciones financieras y la posible actualización de los salarios. Algunas provincias productoras de petróleo (como Neuquén, Santa Cruz y Chubut, entre otras) recibieron una ayuda inesperada con la devaluación que les incrementó significativamente las regalías (que reciben en dólares) que les permite cubrir casi el ciento por ciento de sus gastos de personal.

Gasto público consolidado

El cuadro 5 consolida el gasto de la Nación con el de las provincias, municipalidades y el de la ciudad de Buenos Aires. El gasto público total estaba en alrededor del 34 % del producto antes de 2002 y el gasto social era el 21 % del PBI [7], porcentaje similar al que destinan países desarrollados pero que ofrecen un nivel muy superior en las prestaciones sociales. Si se deducen del gasto total los intereses de la deuda que alcanzaba al 13 % del gasto total (alrededor del 4 % del producto), el gasto primario así calculado bajó al 30 % del PBI aproximadamente.

	1980	1990	2000	2002
Funcionamiento del Estado	13.783	9.616	18.083	11.567
Gasto social	37.235	36.291	59.273	40.110
Servicios económicos	17.599	10.375	5.186	2.863
Servicios de la deuda	5.919	3.072	11.916	5.407
Gasto total	**74.536**	**59.354**	**94.458**	**59.947**
Gasto primario (1)	**68.617**	**56.283**	**82.542**	**54.540**
Gasto primario/PBI	33 %	31 %	30 %	23 %
(1) Deducidos servicios de la deuda. **Fuente**: Sobre la base de datos de la Secretaría de Política Económica del Ministerio de Economía.				

Cuadro 5. Gasto público consolidado (en millones de pesos de 2001).

No todo el gasto público está debidamente contabilizado en las cuentas fiscales ni figura en el presupuesto nacional. Hay gran cantidad de fondos con afectación específica, fondos fiduciarios o fidei-

---

(7) Evolución del **gasto social** en las dos últimas décadas (en porcentaje del PBI):

1980	14,5 %	1995	21,1 %
1985	14,9 %	2000	21,2 %
1990	18,6 %	2002	19,5 %

Fuente: INDEC.

comisos públicos ([8]), que no están incorporados al presupuesto, y por lo tanto no son discutidos en el Congreso, ni es fácil seguir su control. Justamente su finalidad es que en caso de emergencia esos fondos no puedan ser derivados a otra finalidad por un decreto de necesidad y urgencia del gobierno. Los destinos son muy variados, desde el Fondo Fiduciario para el Desarrollo Provincial o el Fondo para Capitalización Bancaria hasta fondos específicos para el teatro, el cine, el tabaco, subsidios para el consumo de gas, los ferrocarriles, el transporte de electricidad, para becas a estudiantes universitarios, el turismo o la promoción de la ganadería ovina, entre otros ([9]).

Sin llegar a discutir la necesidad de esos aportes, es imperioso que todas las cuentas especiales sean incorporadas al presupuesto nacional y sean susceptibles de ser controladas por los organismos del Estado como la Sindicatura General de la Nación (SIGEN) o la Auditoría General de la Nación para lograr la transparencia del gasto público y evitar la corrupción que promueve la falta de control.

En todos los destinos y en todos los niveles el gasto público tiene un tamaño importante. Sin embargo, no llega con sus prestaciones por ineficiencia en la administración, por excesiva burocracia o por corrupción en el manejo de los fondos públicos. La deficiencia en las prestaciones del estado significa un fuerte aumento de la presión fiscal sobre los contribuyentes porque por un lado se deben pagar los impuestos o contribuciones obligatorias, y por otro lado, el ciudadano tiene que contratar los servicios privados (salud, educación, seguridad, etc) que el Estado no brinda adecuadamente. Incluso el gasto en personal, excesivo en algunos sectores, paradójicamente no alcanza para cubrir los sueldos mínimos que necesitarían muchos agentes del

---

(8) Los **fondos fiduciarios** son recursos que se asignan a una dependencia pública para actividades determinadas que se manejan discrecionalmente. Se los asimila al fideicomiso financiero privado que es un título garantizado por una empresa que es administrado por una entidad financiera (agente fiduciario) y que queda fuera del patrimonio de quien otorga como de quien administra, para resguardarlo de la eventual quiebra de las dos partes a favor del inversor.

(9) Un **fondo fiduciario para compensación tarifaria** por la devaluación de 2002 destina $ 4.800.000 mensuales para las empresas ferroviarias TBA, Metropolitano y Ferrovías (estos fondos se recaudan de un impuesto sobre el gasoil). Estos desembolsos son independientes de los subsidios al sistema ferroviario que se establecieron en los contratos de privatización y que fueron disminuyendo de acuerdo con el aumento en la cantidad de pasajeros transportados. Los subsidios más la compensación tarifaria representó en 2002 una erogación mensual del Estado de alrededor de diez millones de pesos mensuales para el sistema ferroviario.

Estado como los médicos y enfermeras de los hospitales públicos, el personal de las fuerzas armadas y los policías, los maestros, técnicos, investigadores y muchos otros funcionarios o empleados cuyos depreciados ingresos no ayudan al cambio hacia la calidad que necesita la gestión pública.

La reforma del gasto público es posible y requiere un estudio planificado de todas las áreas. Los recortes del gasto efectuados por la presión de una crisis lleva a limitar todas las partidas en forma proporcional terminando en un presupuesto menos equitativo. Se deben considerar varios aspectos: racionalidad administrativa evitando la superposición de funciones y de tareas similares, la duplicación de secretarías, organismos y dependencias ([10]), la simplificación de trámites y gestiones burocráticas para brindar mayor transparencia en un Estado donde la percepción de corrupción es muy alta, y por último un criterioso análisis sobre la distribución del gasto.

La política fiscal debería ser utilizada como un instrumento para tratar de regular el ciclo económico: aumentar el gasto en tiempos de depresión y aprovechar los momentos de expansión productiva para su reajuste. Generalmente el gasto público estuvo en función de los ingresos fiscales, se gasta más cuando la mayor recaudación lo permite y se contraen las erogaciones durante las crisis bajando la inversión pública utilizada como variable de ajuste del resultado fiscal, lo que agrava una situación recesiva.

Resultado del sector público

El resultado fiscal es la diferencia entre los totales de ingresos y egresos de los organismos que comprenden el sector público en los distintos niveles. Los ingresos por privatizaciones forman parte de los ingresos de capital, pero no se los incluye en el resultado. El resultado es el superávit o déficit del período considerado y cuando no se consideran los intereses de la deuda se obtiene el resultado primario.

---

(10) Casi la totalidad del presupuesto de muchos organismos del Estado se destina al pago de sueldos y al movimiento administrativo de sus oficinas y no quedan recursos para sus labores específicas. En algunos períodos del año el personal queda inactivo por falta de presupuesto aunque se mantienen salarios y gastos fijos.

Un déficit fiscal se puede financiar con emisión monetaria o con deuda pública (venta de títulos públicos) (¹¹). La historia económica argentina muestra que el déficit fiscal que estaba en aumento a partir de las décadas del treinta y cuarenta fue cubierto con emisión monetaria. Cuando el exceso de dinero condujo a la inflación (por los motivos que se explican más adelante) se prefirió financiar los desequilibrios con los préstamos de organismos internacionales. En los años setenta y ochenta siguió creciendo la emisión junto con el endeudamiento hasta que en los noventa la Ley de Convertibilidad puso fin a la emisión monetaria sin respaldo, pero el déficit fiscal comenzó a ser financiado con la emisión de títulos públicos. Se consideran a continuación las consecuencias de las distintas alternativas usadas en el país como medio de financiación de los desequilibrios de la gestión pública.

El aumento de la cantidad de dinero, por arriba del crecimiento de la productividad de la economía, siempre conduce al incremento de los precios, porque impulsa una mayor demanda agregada. Toda la teoría económica reconoce este pernicioso efecto de una política monetaria expansiva, aunque algunas veces se recomienda como solución de corto plazo para resolver problemas de insuficiencia de demanda.

Cuando el aumento de la cantidad de dinero tiene como finalidad financiar un déficit fiscal, los ingresos que recibe el gobierno en tal concepto se llaman "señoriaje" en clara alusión a los derechos de los príncipes o los reyes de recibir dinero de sus súbditos. Efectivamente el "señoriaje" lo pagan los ciudadanos con el impuesto inflacionario. Al aumentar la tasa de crecimiento del dinero aumenta la inflación y ello origina una reducción de los saldos monetarios reales (la cantidad de moneda dividida por el nivel de precios) que significará menos ingresos reales (menos señoriaje) para el Estado, que para cubrir el déficit del próximo período se verá obligado a aumentar nuevamente la tasa de crecimiento del dinero que, a su vez, traerá un nuevo empuje inflacionario, y así sucesivamente. Por lo tanto, no se puede financiar un déficit con una tasa constante de crecimiento del dinero, se necesitará aumentarla continuamente generando más inflación.

---

(11) La emisión monetaria también implica emisión de bonos que el gobierno vende al Banco Central quien, para comprarlos, emite dinero. El gobierno emite bonos y el Banco Central emite dinero para comprar los bonos, éste es el mecanismo normal de la emisión monetaria.

La financiación con deuda pública se obtiene con préstamos de bancos o de organismos internacionales o con la venta de títulos públicos. Cuando los títulos se venden en el mercado interno se genera una suba de la tasa de interés con todos los perjuicios que ello implica para la actividad privada y reduce las posibilidades de financiamiento, especialmente a las empresas más pequeñas. Este comportamiento se nota particularmente en el país por tener un mercado financiero pequeño donde el peso relativo de la oferta pública es muy grande, e incide rápidamente en la tasa de interés y en el desplazamiento de la actividad privada de los fondos de inversión. Además estas colocaciones tienen un límite, dado por el tamaño del mercado doméstico, que obliga a buscar el mercado externo.

La colocación de bonos en el exterior depende de la confianza de los inversores hacia los títulos públicos argentinos. Cuanto mayor temor a la cesación de pagos (default), mayor riesgo esperado, menor será el precio que estarán dispuestos a pagar lo que implica una mayor tasa de interés (mayor "riesgo país"). Buena parte de la falta de competitividad de la producción argentina debe buscarse en este enorme sobrecosto del financiamiento que dificulta o impide la inversión a las empresas medianas y pequeñas.

Distinta es la situación en países estables, con baja deuda pública y que pueden financiar desequilibrios transitorios con endeudamiento externo, sin alterar la economía interna, pagando tasas de interés razonables.

La Argentina necesitará en el futuro mantener un resultado fiscal primario positivo por varias razones. Con menor financiamiento externo, o interno voluntario, un déficit debería ser cubierto con más impuestos (más ajuste), o con emisión monetaria, pero el superávit fiscal es particularmente necesario para el pago de los intereses de la deuda como se verá más adelante. Fuera de las razones coyunturales, el superávit fiscal debería buscarse como un medio imprescindible para el bienestar de la población. La ecuación de equilibrio macroeconómico vista en el capítulo anterior ([12]) mostraba que un déficit fiscal podía ser financiado o con ahorro externo o privado. Si el ahorro externo es menor (por decisión política o por menor flujo de los capitales), el peso recaerá en el sector privado, que deberá reducir la inversión para que el ahorro nacional financie al sector público. Una

---

(12) Según se explicó en el cap. VII: $(M - X) = (I - S) + (G - T)$.

menor inversión conduce a una menor acumulación de capital y por lo tanto baja la productividad marginal del trabajo que, como enseña la teoría económica, significa menores salarios reales [13].

Finalmente, el superávit fiscal es el camino para iniciar un genuino crecimiento del ahorro nacional y reducir, de esa forma, la dependencia del ahorro externo para cubrir la inversión.

En las últimas tres décadas el país tuvo en muy pocas ocasiones superávit fiscal primario. La crisis que obligó a un ajuste no planeado de las cuentas públicas con recorte en todos los sectores, posibilitó en 2002 un resultado fiscal primario que no se obtenía desde hace varios años [14]. Ese superávit primario se deberá mantener en los próximos años para el pago de las obligaciones con el exterior y la reestructuración que se acuerde de la deuda pública. Las necesidades de financiamiento previstas para 2004 alcanzan a 42.636 millones de pesos [15] entre amortización de capital e intereses (cerca de 15.000 millones de dólares), sin sumar los atrasos en los intereses de la deuda no pagada por la cesación de pagos; esto muestra la magnitud de los recursos fiscales que se necesitarían para afrontar todas las obligaciones.

Deuda pública

La deuda pública son las obligaciones que asume el gobierno como consecuencia del uso del crédito para el financiamiento del sector público. A esas obligaciones se las denomina "servicio de la deuda pública", y se componen de las amortizaciones de capital, los intereses y las comisiones y gastos de las operaciones de crédito (títulos

---

(13) La productividad marginal del trabajo es la producción adicional que se obtiene al utilizar una unidad más de trabajo, con el resto de los factores constantes. Cuando cada trabajador cuenta con menos unidades de capital la productividad marginal se reduce y con ella los salarios que están dispuestos a pagar los empleadores.

(14) El déficit fiscal de 2002 fue de 4.550 millones de pesos que fue financiado con emisión monetaria y con los atrasos en el pago de la deuda pública.

(15) Según el informe elevado al Congreso Nacional por la Jefatura de Gabinete de Ministros en julio de 2003.

públicos y letras del Tesoro o préstamos tomados o garantizados por el Estado generalmente con fines específicos).

La composición de la deuda pública cambió desde principios de la década del noventa: Hasta entonces, la mayor parte de la deuda eran préstamos otorgados por organismos internacionales o por bancos del exterior u otros acreedores. Desde los noventa se comenzó a cubrir las necesidades fiscales con emisión de títulos públicos (de corto, mediano o largo plazo) a través de los cuales se captó fondos del mercado de capitales, o a los que se colocó en mercados del exterior; los bonos del Estado, que ahora constituyen la mayor parte del endeudamiento, pueden estar emitidos en moneda nacional o extranjera. Esta nueva composición hace difícil clasificar la deuda en interna o externa porque generalmente se desconoce si el poseedor del título es o no un residente en el país, por ese motivo la única diferenciación que se puede hacer en este sentido es por tipo de moneda.

Para considerar la composición típica de la deuda en los últimos años, se indica en el cuadro 6 la deuda total del sector público al 30 de junio de 2001, antes de la profundización de la crisis económica. Los bonos y títulos públicos (a corto y largo plazo) representaban más del 74 % de la deuda total. La deuda con organismos internacionales era cerca del 19 % del total. La cesación de pagos declarada a fines de 2001 significó el default de los títulos públicos en poder de inversores argentinos y del exterior, porque la deuda con organismos internacionales se continuó negociando o pagando. Al monto de esa deuda corresponde agregar la contraída por las provincias, que era de alrededor de 22.000 millones de dólares.

Deuda total	132.143
Bonos y títulos públicos (1)	94.641
Letras del Tesoro (2)	3.759
Organismos internacionales (3)	24.844
Club de París y otras deudas (4)	4.652
Bancos comerciales	2.786
Otros	1.461

(1) Deuda a mediano y largo plazo.
(2) Deuda de corto plazo, que vence dentro del año.
(3) Préstamos del FMI, BID, BIRF, etc.
(4) Club de París agrupa países europeos, Japón, EE.UU.
Fuente: Ministerio de Economía, Secretaría de Hacienda.

Cuadro 6. Deuda total del sector público (en millones de dólares).

No es fácil considerar la evolución de la deuda cuando la registración contable no siempre incluye todas las obligaciones del Estado como por ejemplo la deuda previsional que existía a fines de los años ochenta y que la reforma del sistema de seguridad social obligó a reconocer más adelante. RICARDO ARRIAZZU analiza la deuda pública entre 1991 y 2001 llegando a la conclusión, según su opinión, que la deuda total registrada y no registrada se mantuvo constante en términos nominales y se redujo sensiblemente como porcentaje del PBI [16]. En ese mismo período el endeudamiento aumentó más que el déficit fiscal porque se utilizó el recurso de la emisión de bonos para regularizar deudas devengadas en la década del ochenta con jubilados, provincias, proveedores, sentencias judiciales y compensaciones dispuestas por el Congreso de la Nación que no se computaban en el déficit fiscal.

El tamaño de la deuda pública depende de muchos factores propios de cada país y por ese motivo no se pueden establecer parámetros universales. La producción, el comercio exterior, la tasa de crecimiento y los mercados financieros y de capitales son algunos de los aspectos que interesan para juzgar la sustentabilidad de la deuda. Habitualmente se considera aceptable que el superávit fiscal pueda cubrir los intereses, manteniendo una relación estable entre deuda pública y el producto (DP/PBI). Sin embargo, esto no es una garantía de equilibrio porque la deuda puede seguir aumentando y entonces no alcanza a ser atendida con el superávit previsto. En efecto, si se pretende mantener una relación constante DP/PBI, se debe tomar la decisión de no crear nueva deuda, para eso el superávit fiscal primario debe ser suficiente, todos los años, para pagar los intereses; pero la tasa de interés puede aumentar por distintos motivos (volatilidad de los mercados, riesgo país, etc.) y por lo tanto, si el superávit previsto no alcanza, se originaría nueva deuda por la parte de los intereses no pagados. Por otra parte, la amortización de los títulos a

---

(16) "En el año 1991 la deuda previsional no registrada ascendía a 275.963 millones de pesos, mientras que a fines de 2001 se había reducido a 197.513 millones como resultado de distintas reformas que incrementaron la edad mínima de retiro, redujeron los beneficios y crearon el sistema privado de pensiones [...] Si se incorporan estas deudas al concepto de deuda pública, se observa que el nivel de ésta a fines del año 1991 era equivalente a 368.305 millones de dólares, o 211,6 % del PBI, mientras que a fines de 2001 el saldo era de 368.168 millones de dólares, equivalente al 137 % del PBI". ARRIAZZU, RICARDO H., *Lecciones de la crisis argentina*, El Ateneo, Buenos Aires, 2003.

su vencimiento requeriría pagar el capital porque su renovación también significaría un aumento de la deuda pública ([17]).

Cuando la deuda pública alcanza niveles muy importantes la colocación de nuevos títulos públicos para la renovación de los que vencen puede ser muy costosa por las expectativas de los inversores. Con desconfianza sobre el cumplimiento de las obligaciones, aumenta el riesgo país y sólo se adquirirán los bonos a un valor muy bajo que significará para el tomador un buen rendimiento futuro esperado (elevada tasa de interés).

Un círculo vicioso

El financiamiento del déficit fiscal con deuda pública creó un nuevo círculo vicioso: la emisión de títulos públicos aumenta el stock de deuda pública que, a partir de cierto límite dispara el riesgo país por el temor de los tenedores al incumplimiento por parte del Estado de sus obligaciones cada vez mayores. El menor precio de los bonos (alta tasa de riesgo) y la dificultad para su colocación significa mayores necesidades de financiamiento para pagar la deuda existente (amortización más intereses) que impulsa nuevas alzas en el riesgo país que, por la relación de paridad entre la tasa de interés interna y la internacional, conduce a la suba de la tasa de interés nacional que dificulta la producción y paraliza la actividad.

Ésta fue la situación en la Argentina, donde el aumento de la deuda pública a fines de la década pasada y principios de la actual, y los problemas políticos y económicos, agravados con la recesión productiva, dispararon las expectativas de default que llevaron el riesgo país a valores que imposibilitaron la colocación de nuevos títulos públicos. La crisis política de fines de 2001 llevó a un nuevo gobierno provisorio que declaró apresuradamente la cesación de pagos cuan-

---

(17) El déficit fiscal de este período es igual a la diferencia entre gastos e ingresos del gobierno más los intereses de la deuda del período anterior:

$$\text{Déficit} = (G - T) + i \cdot DP$$

Cuando aumenta el déficit, crece la deuda pública: > Déficit = > DP.

$$\text{Aumento } DP = (G - T) + i \cdot DP$$

do, según otras opiniones, todavía existían posibilidades de negociación con resultados menos traumáticos. Al 31 de diciembre de ese año la deuda pública alcanzaba a u$s 144.500 millones, un 54 % del PBI.

A partir de allí el nivel de endeudamiento se agravó aún más. La devaluación con la modificación cambiaria de inicios de 2002 hace muy difícil pagar la deuda que en 2003 es mucho mayor al producto ([18]). Durante 2002 la deuda aumentó en más de u$s 30.000 millones, la mayor parte por la emisión de nuevos títulos denominados BODEN (Bonos Optativos del Estado Nacional) destinados a compensar a los bancos y a los ahorristas (varias emisiones con distintos vencimientos), y el bono a 16 años para garantizar la nacionalización de la deuda provincial.

Aun sin considerar los vencimientos de capital, el pago de los intereses de la deuda (en dólares) se torna de cumplimiento imposible frente a los ingresos en pesos del sector publico (salvo los derechos de exportación). Esto determina la necesidad de negociar su reestructuración con los organismos internacionales y con los tenedores de títulos o con las instituciones que los representen ([19]).

El peso de la deuda sería muy distinto si estuviera mayoritariamente en moneda nacional, como ocurre en otros países. En la Argentina el rechazo al peso tiene su explicación en los antecedentes de largos años de alta inflación y haber pasado por la experiencia hiperinflacionaria que es muy difícil de olvidar; ése es el motivo por el cual el público, y las empresas, no ahorran en pesos más allá de pocos días y no están dispuestos a hacerlo con un bono a mediano o largo plazo. Muchos años de estabilización monetaria y cambiaria y de políticas económicas confiables, junto con un mercado de capitales con activos atractivos y con actualización, podrían crear, en el futuro, las condiciones para colocaciones en pesos en el mercado interno.

---

(18) Para 2003 la deuda consolidada prevista en la Carta de Intención firmada con el FMI, alcanzaba a 650.000 millones de pesos, cerca de 150 % del PBI.

(19) La urgencia de esta gestión está dada por las millonarias demandas iniciadas contra el Estado nacional por acreedores del exterior por incumplimiento de contrato. Es preocupante la magnitud que puede alcanzar esta situación.

Capítulo IX

Crecimiento y desarrollo

¿Cuáles son las causas del crecimiento de las naciones?
¿Cuáles son los motivos de la decadencia argentina?
¿Cuáles son los factores por los que algunos países avanzaron mucho más que otros y mantienen un crecimiento sostenido?

Las teorías del crecimiento económico aportan algunos elementos para contestar estos interrogantes. El crecimiento del producto durante unos pocos años no garantiza el desarrollo. Cuando la economía produce, año tras año, más riquezas que el anterior y esto se mantiene durante dos o tres décadas, se puede hablar de crecimiento sostenido o sustentable, que ayuda a generar el cambio y la modernización de la estructura económica, disminuir la desocupación y la pobreza y permitir mejores niveles de vida. Sólo así el crecimiento es equivalente a desarrollo económico.

La forma de lograr ese desarrollo sostenido dio lugar a muchas controversias en el mundo: desde la prescripción de políticas activas, con intervención estatal, para disminuir la brecha existente "entre el norte y el sur" o "entre el centro y la periferia" ([1]), hasta las teorías que consideran al subdesarrollo sólo como una etapa por la que hay que transitar necesariamente para llegar en forma natural a la etapa del desarrollo ([2]).

Hace 50 años comenzaron a debatirse distintas estrategias que daban prioridad a algunos factores sobre otros con vistas a alcanzar el desarrollo sostenido, coincidiendo que ni aún una abundante acumulación de capital por si sola mantiene el crecimiento. El nivel de ahorro de un país determina el nivel de producción pero no garantiza que el crecimiento sea permanente debido al efecto de los rendimientos decrecientes del capital ([3]).

Un país que recibe capitales para invertir (o que genera ahorros suficientes para ello) tendrá una alta tasa de crecimiento y aumento de la producción en el período considerado, pero la tasa de crecimiento va disminuyendo con el tiempo de acuerdo con el nivel de tecnología alcanzado por el país. En ese punto, un avance en la tecnología utilizada mejora la relación en el uso de los factores y por lo tanto aumenta la productividad del trabajo.

---

(1) Forma parte del pensamiento "estructuralista" que defendió el argentino RAÚL PREBISCH desde la CEPAL (Comisión Económica para América Latina) en la década del cincuenta: los países centrales tienen una producción homogénea (en cuanto a productividad) y diversificada; los periféricos (no desarrollados), en cambio, se especializan en producción primaria y desarrollaron una industrialización tardía que les provoca desequilibrios externos e internos.

Para la denominada escuela "evolucionista", el norte produce las innovaciones y el sur las copia o imita. El uso de la nueva tecnología tiene un costo de aprendizaje que hace difícil la convergencia que sólo se lograría con un proceso de innovación acelerado en el sur.

(2) ROSTOW, W., *Las etapas del crecimiento económico*, 1960.

(3) Considerando a la producción como función de dos factores (capital y trabajo), el producto obtenido depende de la tecnología utilizada para combinar el uso de esos dos factores. Si se duplica la utilización de ambos también se duplica el producto (rendimientos constantes a escala), pero si sólo aumenta uno de los factores la producción crecerá con aumentos cada vez menores (rendimientos decrecientes). Sólo un cambio en la tecnología podría modificar la proporción en que se usan los factores.

$Y = f(K,N)$. A medida que aumenta N (manteniendo K constante) el aumento de la producción es cada vez menor (si aumenta el empleo sin agregar máquinas o equipos en algún momento, resultará imposible aumentar la producción. Lo mismo sucede si sólo aumenta el capital y no la mano de obra).

SOLOW ([4]) planteó, en los años cincuenta, que los países prósperos eran los que más invertían, logrando aumentar la productividad del trabajo. La inversión genera progreso tecnológico, y éste es el elemento fundamental para el crecimiento económico. Las mejoras tecnológicas permiten usar los métodos más eficientes para producir los bienes y servicios impulsando el aumento de la productividad del trabajo. Esas mejoras tecnológicas no son sólo modernos equipos sino mejoras en los procesos o en la gestión, administrativa o comercial, que facilitan el mejor uso y rendimiento de los factores de la producción; la incorporación de tecnología dependerá de la capacidad del país para generar nuevas técnicas invirtiendo en investigación y desarrollo o creando las condiciones para adquirirlas.

Condiciones endógenas
El capital humano

El impulso para las mejoras tecnológicas depende de factores endógenos como el comportamiento de la gente, las aptitudes de los empresarios o el nivel de educación, es decir, depende del capital humano, que al igual que el capital físico también se puede acumular o incrementar y mejorar.

Dentro de esta línea de pensamiento, ROMER ([5]) vincula el progreso tecnológico con las nuevas ideas y las invenciones. El cambio tecnológico se nutre de la innovación, que es la fuerza creativa que busca la producción de nuevos bienes, procesos o servicios que se diferencien del resto. Es la voluntad de crear cosas nuevas y distintas y las motivaciones pueden ser desde el prestigio personal o la excelencia académica hasta la búsqueda de nuevos negocios o la creación de nuevos productos que puedan competir mejor en el mercado.

A menudo el incentivo para las nuevas ideas son las ganancias que el inventor espera obtener, por eso necesita una protección legal adecuada que le asegure poder cobrar por el uso de su invento. El derecho de propiedad y las patentes son los mecanismos legales para

---

(4) SOLOW, ROBERT, *Una contribución a la teoría del crecimiento económico*, 1956.

(5) ROMER, PAUL, *Cambio tecnológico endógeno*, 1990.

esa finalidad, pero también debe agregarse el buen funcionamiento de la justicia para garantizar el equilibrado uso de esos mecanismos. Si no hay seguridad jurídica, no hay incentivos para la búsqueda de nuevas ideas, y por lo tanto se limita el progreso tecnológico.

JOSEPH SCHUMPETER (1883-1950), profesor austríaco de la Universidad de Harvard, ya había explicado muchos años antes su teoría sobre el empresario innovador, que tiene la capacidad para aprovechar las oportunidades y que está constantemente ideando nuevos productos, equipos o procesos que transformará en obsoletos los de sus competidores. Durante un tiempo obtendrá una rentabilidad superior al resto del mercado pero pronto otros empresarios copiarán su producto aumentando la oferta y haciendo bajar el precio, en ese momento se iguala la rentabilidad en el mercado hasta que surja otro empresario con un nuevo producto o servicio. El empresario emprendedor es un generador constante de avance tecnológico.

THUROW también destaca la importancia del capital humano junto con la tecnología, y en su obra ([6]) menciona dos ejemplos de países exitosos: Gran Bretaña, potencia dominante del siglo XIX, y los EE.UU., potencia del siglo XX. En ambos casos, aparte de sus ventajas naturales, destaca a los cambios en la tecnología como responsables del crecimiento; en el primero sólo hace falta recordar que lideró la Revolución Industrial con sus inventos y nuevas técnicas. Los EE.UU. supieron emplear la tecnología para el mejor aprovechamiento de sus recursos y en eso tuvo un papel fundamental la educación y la investigación. Para THUROW hoy es importante la tecnología de los procesos y para esto se necesita una fuerza de trabajo hábil y especializada, con conocimientos en la tecnología de la información, en investigación operativa para el control de calidad, en matemáticas para estadísticas y cálculos financieros, etc. Las ventajas comparativas que antes radicaban en los recursos naturales ahora están en los recursos humanos.

La riqueza de una nación no depende de sus recursos sino de la habilidad de cómo se utilizan para crear más riqueza. La innovación permite a los países crear productos competitivos levantando así barreras naturales de protección mucho más eficaces que el más alto arancel y posibilita la conquista de nuevos mercados en el exterior, por ese motivo la innovación es básica para el desarrollo económico.

---

(6) THUROW, LESTER, *La guerra del siglo XXI (Head to Head)*, J. Vergara Editor S.A., 1983.

La simple explotación de los recursos naturales (el suelo, los bosques, los minerales o los hidrocarburos) por más intensiva que sea no crea nuevas riquezas, por el contrario con el tiempo se produce el agotamiento de los recursos con posibles consecuencias en el medio ambiente o en la degradación de los recursos (desertificación de los suelos, por ejemplo). La explotación exitosa y sostenible de los recursos depende del ingenio, de la innovación, para producir más y mejor, modificando los procesos o creando productos diferenciados.

Desastres de crecimiento

JONES (7) se pregunta "¿Por qué somos tan ricos y ellos tan pobres?" Define a los países ricos como aquellos que tienen ingresos per cápita superiores a u$s 15.000 anuales y a los países pobres a aquellos con ingresos per cápita inferiores a mil dólares por año.

Califica como "milagros del crecimiento" a países como Japón, Singapur, Taiwán, Hong Kong y Corea del Sur, que en un período aproximado de cuarenta años pasaron de relativamente pobres a relativamente ricos, y como "desastre del crecimiento" a sólo dos países: la Argentina y Venezuela. "Al finalizar el siglo XIX —explica— la Argentina era uno de los países más ricos del mundo. Con una base de recursos naturales enorme y una infraestructura en rápido desarrollo, atrajo en gran escala la inversión y la inmigración extranjera. Sin embargo, para 1990 el ingreso per cápita de la Argentina era tan sólo una tercera parte del de los EE.UU.".

Para CHARLES JONES, los países ricos se diferencian por la mayor cantidad de capital y educación y por la mejor productividad de esos insumos, pero el motor del crecimiento es la innovación. Esos países desarrollaron las habilidades necesarias para generar inversión e innovaciones, con instituciones que funcionan, derechos de propiedad desarrollados y con transparencia en el Estado para evitar la corrupción y los sobornos que alejan a los inversionistas serios.

---

(7) JONES, CHARLES I., *Introducción al crecimiento económico*, Stanford University, Prentice Hall, México, 2000.

Los países que con un similar grado de desarrollo al de la Argentina, hace cien años, hoy tienen niveles de crecimiento envidiables, lo hicieron en democracia, con sistema judicial eficiente, apego a las leyes, inflación controlada, reducción del aparato estatal ineficiente, ética en los negocios, baja evasión impositiva y disciplina social, y una actitud favorable a los negocios y al progreso.

Ahorro e inversión

Todas las teorías del crecimiento parten de un principio común: la acumulación de capital, por medio del ahorro nacional o de capitales del exterior; esa acumulación posibilita la inversión, y a través de ésta se facilita el progreso tecnológico.

Para promover el ahorro, sea interno o externo, las condiciones son exactamente las mismas: estabilidad económica, confianza, reglas de juego estables y también un mercado de capitales transparente con disposiciones que protejan a los ahorristas. Éstas son condiciones mínimas para que retornen al país los ahorros nacionales o para que ingresen capitales foráneos [8]. Para que el ahorro se transforme en inversión debe existir una adecuada relación costo-beneficio, el inversor decidirá la operación si las ganancias esperadas son superiores al costo de la inversión. Esto es lo que define la inversión en cualquier país, sean los capitales nacionales o extranjeros. Por otro lado, el crecimiento permite a su vez aumentar los ingresos, y de esta forma incrementar el ahorro de la población que tiene mayores recursos. Progresivamente, con mayor producción y con la aparición de nuevas empresas, van aumentando los ingresos del resto de los grupos familiares, y de esta forma, a largo plazo, va creciendo el ahorro nacional que hace sustentable el desarrollo.

---

(8) Un informe de la Comisión Investigadora de Fuga de Divisas, de la Cámara de Diputados, estimó, en junio de 2002, que los activos **financieros y no financieros** de los argentinos en el exterior ascendían a u$s 127.000 millones.

El INDEC revela que en 2002 salieron del país u$s 11.486 millones, un 246 % más que los capitales que se fugaron en 2001 (Comunicado de Prensa del 27/3/03).

Productividad y competitividad

El aumento de la productividad del trabajo por medio de mejoras tecnológicas es el otro requisito para el desarrollo sostenido, y la única forma de recuperar la competitividad del país.

El cambio tecnológico está íntimamente relacionado con la investigación, que tiene su base en instituciones o empresas públicas y privadas que contribuyen al desarrollo y difusión de nuevas tecnologías y son fuentes de creación y transferencia de conocimientos y habilidades.

El rol del Estado en este proceso es establecer condiciones, impulsar la infraestructura necesaria y crear la disponibilidad de recursos con este propósito. Es importante su papel para favorecer la interrelación de todos los actores (universidades, instituciones oficiales, empresas y laboratorios privados, etc.), establecer los marcos regulatorios y legales necesarios y ejercer los controles que le corresponda.

La investigación desde instituciones oficiales y en las universidades, generalmente es investigación básica, fundamento del avance científico. La investigación aplicada, hacia proyectos más rentables con posibilidad de ser explotados industrialmente, es campo preferido de las empresas privadas. Sin embargo, hoy en el mundo la línea divisoria no es tan estricta y la actividad privada llega hasta el campo de la investigación básica, generando alguna duda sobre la conveniencia de esta extensión del campo científico y los límites de la investigación (es el caso, por ejemplo, del estudio del genoma humano).

No es, por supuesto, el caso de la Argentina donde son enormes las diferencias con los países que más invierten en investigación (EE.UU., los de la Unión Europea y Japón). Para reducir la brecha tecnológica con esos países se debe formar investigadores y especialistas pero también las condiciones para que puedan trabajar sin la preocupación por penurias económicas; la falta de presupuesto adecuado en institutos y universidades limita a una labor profesional precaria y sin continuidad. La Argentina destina para investigación y desarrollo de tecnología el 0,4 % de su PBI, mucho menos que los países vecinos, como Brasil o Chile, que promueven la investigación científica como parte sustancial de las políticas de crecimiento.

El avance de España, después del período franquista, se atribuye al cambio en la concepción de la investigación científica, aunque todavía no alcanzó los niveles del resto de Europa. Las empresas privadas aportan fondos para investigación pero además las universidades y fundaciones llevan a cabo y financian, junto con el Estado, ambiciosos planes de investigación y desarrollo en diversas áreas, como física, energía, alimentos y biotecnología. Finlandia, en el norte de Europa, invierte el equivalente al 3,2 % de su producto en investigación y desarrollo, sumando la investigación pública más la privada. Este esfuerzo le permitió superar a principios de la década del noventa una enorme crisis con caída de la producción y el empleo y cierre de bancos [9]. En diez años cambió su perfil productivo hacia industrias de alta tecnología que le dieron competitividad y le permitieron alcanzar uno de los productos per cápita más elevados del mundo. Un detalle, quizá no trivial, es que Finlandia fue señalada como el país menos corrupto del mundo por Transparency International.

Para el economista JEFFREY SACHS la clave para la Argentina es invertir en ciencia y tecnología: "...la crisis argentina se hizo desvastadora porque la economía carecía de competitividad. Y le faltaba competitividad porque estaba empantanada en la exportación de productos tradicionales, especialmente commodities; mucho de esto depende de una falla en el desarrollo de la ciencia y la tecnología...". Por eso recomienda tomar como ejemplo a Australia, país que tiene similitudes con la Argentina, que se transformó en una economía del conocimiento con exportaciones muy diversificadas.

La educación y la investigación para el crecimiento

Durante muchos años presumimos de un país bien educado porque nuestros índices de analfabetismo absoluto —quienes no saben leer ni escribir— eran realmente muy bajos; pero desde hace tiempo ese concepto dejó paso a otro mucho más real que es el analfabetis-

---

(9) La caída de la Unión Soviética le significó pérdida de mercados, principalmente para los productos derivados de la explotación del bosque que era una importante fuente de divisas. En la reestructuración de su economía confió en la actividad privada como motor del desarrollo con una racional intervención del Estado. Nokia es una de las empresas modelo del crecimiento finlandés.

mo funcional, donde se cuenta a quienes no terminaron el nivel primario y hoy posiblemente tendríamos que llegar más lejos porque ya resulta muy difícil conseguir empleo a quien no tiene por lo menos estudios secundarios completos ([10]). El concepto del nivel de educación imprescindible para el desarrollo va evolucionando y no siempre los índices son tan favorables. El sistema educativo necesita una reforma profunda, disminuyendo estructuras burocráticas y gastos innecesarios, pero esto no significa que el Estado debe abandonar su rol de ejecutor de la política educativa. Se deben fijar metas y prioridades en todos los niveles, recomponer la formación docente desde los colegios e institutos especializados hasta la capacitación continuada de los educadores y responsables de las distintas áreas.

La educación debe pensarse como una inversión a muy largo plazo. No es suficiente capacitar a una franja de la población para satisfacer la demanda del mercado de trabajo actual. El desafío debe ser incrementar el capital humano con buena educación en todos los niveles y para la mayor parte de la población para construir una sociedad educada, capacitada y competitiva, dejando de lado el facilismo que fue degradando la enseñanza argentina con los resultados que hoy sufre el país: la mediocridad y la pobreza intelectual.

"La bancarrota de la educación argentina explica nuestro fracaso. Más grave aún resulta el naufragio de la educación de nuestra dirigencia que, con una superficialidad alarmante, idolatra la excelencia pero desestima el rigor y el esfuerzo necesarios para alcanzarla. Es indudable que una de las llaves de la seriedad argentina se nos ha extraviado en las aulas. Es allí donde, con convicción y paciencia, deberíamos regresar a buscarla" ([11]).

El problema no siempre pasa por un presupuesto escaso o por la falta de equipados laboratorios o sofisticados equipos. Los resultados de un estudio internacional en el que intervinieron alumnos de 4° grado de 35 países, colocó a la Argentina en los últimos puestos en lectura y comprensión de textos ([12]) y los primeros lugares corres-

---

(10) Según datos de escolaridad del INDEC de mayo de 2003, el 60 % de los jóvenes de Capital Federal y conurbano bonaerense no terminó la escuela secundaria. Esto significa para el futuro una importante pérdida de capital humano.

(11) JAIM ETCHEVERRY, GUILLERMO, rector de la Universidad de Buenos Aires, La Nación, 15/10/02.

(12) Estudio preparado por la Asociación Internacional para la Evaluación del Desempeño Educativo. Las pruebas se tomaron a mediados de 2001 y recién se difundieron los resultados en abril de 2003.

pondieron a Suecia, Holanda e Inglaterra. Una funcionaria del Ministerio de Educación reconoció que "los estudiantes argentinos mostraron poca habilidad para responder preguntas abiertas", y que "...es necesario desarrollar en las aulas mejores prácticas de la comprensión lectora, como también emplear una mayor diversidad de textos..." ([13]). La discusión del tema no terminó y es conveniente la confrontación de ideas que originó. Es muy posible que el facilismo, la falta de compromiso y la degradación de la investidura docente tengan alguna responsabilidad en estos resultados, "...es imperativo regresar al espíritu de la ley 1.420, al normalismo, a la propedéutica denostada como enciclopedismo, al estudio serio y la lectura obligatoria, a los premios y sanciones que impone la humana condición, a todo lo que se destruyó sin reemplazo..." ([14]).

La educación en un mundo de rápidas transformaciones y con cambios tecnológicos debe centrarse en enseñar a comprender y a resolver los problemas originados en distintas situaciones y saber aprender e informarse en diferentes escenarios de la vida real. La memoria debe dar lugar a los procesos de abstracción y razonamiento; debe promoverse la experimentación, en todas las disciplinas, para confrontar toda elaboración teórica con la realidad y generar a partir de allí las propias conclusiones. Desde el aula debe habituarse al trabajo en equipo, a la discusión y evaluación de cada propuesta y a la presentación de sus resultados ([15]).

Es indudable que en la Argentina la prioridad está en ampliar y mejorar la educación básica, pero simultáneamente debe encararse la extensión de la investigación básica y aplicada. Habría que recrear la investigación privada con incentivos fiscales a las inversiones en tec-

---

(13) Otro informe de la UNESCO y la Organización para la Cooperación y Desarrollo Económico (OCDE) conocido en julio de 2003 en Londres, mide la preparación de los chicos de 15 años para su desempeño en el mercado de trabajo, sobre la base de pruebas tomadas en 2000. El estudio colocó a la Argentina en los últimos puestos en pruebas de lectura, ciencia y matemáticas.

El mismo estudio resalta la función que desempeña la educación como motor de la economía y advierte que los países emergentes deberán realizar inversiones adicionales en educación si aspiran a estrechar la brecha que los separa de las sociedades desarrolladas.

(14) Horacio Sanguinetti, Rector del Colegio Nacional Buenos Aires.

(15) En los Estados Unidos y Canadá, y últimamente en Europa, está avanzando un modelo de estudios universitarios integrando el bachillerato (con una carrera de grado de cuatro años) con dos años de maestría y otros dos de doctorado.

nología y con medidas atractivas para las pequeñas empresas fomentando la cooperación y la complementación en actividades relacionadas con la investigación y la innovación (en la producción, en la comercialización y aun en el diseño de presentación).

El Informe sobre Desarrollo Humano 2001 del "Programa de Naciones Unidas para el Desarrollo" (PNUD) arroja optimismo sobre las posibilidades futuras. Ese año incorpora el Índice de Adelanto Tecnológico que "busca reflejar el desempeño en cuanto a crear y difundir tecnología y disponer de una base de aptitudes humanas" y reconoce a la Argentina entre los países con potencialidad por su capital humano (alto número de científicos e ingenieros en investigación) y por ser uno de los países subdesarrollados con más logros biotecnológicos; destacan una buena base en el campo tecnológico pero bajo nivel de innovación.

Las investigaciones argentinas en tecnología agropecuaria se remontan a los años cuarenta en el Instituto Fitosanitario Argentino que dependía de la Universidad de La Plata, y continuaron después en las sedes del INTA (Instituto Nacional de Tecnología Agropecuaria) y de gran cantidad de firmas cerealeras y laboratorios privados. Las modificaciones genéticas en semillas y la biotecnología permitieron importantes aumentos en los rendimientos de cereales y oleaginosas y posibilitará en las próximas décadas la alimentación de una población mundial en constante crecimiento. Sin embargo, el aporte privado a la investigación en el sector agropecuario es muy escaso comparado con la trascendencia de la actividad en el país: no es suficiente poseer una de las mejores tierras agrícolas del mundo, sino que debe hacerse una explotación basada en la tecnología y para eso tendrían que coordinarse los estudios del INTA con los de las universidades y los del sector privado ([16]).

---

(16) En el área agrícola se presentó últimamente un claro ejemplo de las consecuencias que puede tener la falta de una adecuada protección a la propiedad intelectual o a la falta de control de los derechos legales de los inventores. En el campo se utilizan cada vez menos las semillas certificadas producidas por las empresas que, con sus investigaciones, ofrecen semillas resistentes a las enfermedades o con garantías de mayor rendimiento; en pocos años creció el uso de semilla ilegal adquirida en un mercado negro no fiscalizado (se conoce como "bolsa blanca", porque no tiene marca). A raíz de ello, después de muchos años de trabajo, varias empresas clausuraron sus programas de investigación y de desarrollo de nuevas semillas creando interrogantes sobre el futuro avance tecnológico en el único sector donde la Argentina tenía ciertas ventajas.

El cuidado del suelo, por ejemplo, debería ser una preocupación esencial para el país que tendrá en las próximas décadas una demanda creciente de alimentos. La degradación y la desertificación de la tierra es un problema grave en la Argentina y en muchas regiones del mundo ([17]) y tiene relación con los métodos de labranza, las herramientas o equipos utilizados, el contenido de materia orgánica del suelo, los sistemas hídricos, etc. En el campo argentino hay establecimientos altamente tecnificados con muy buena productividad, pero para el conjunto, la producción media por unidad de superficie todavía es baja y pueden esperarse mejores rendimientos futuros con mayor uso de la tecnología.

Fuera del área agropecuaria la tecnificación es sumamente reducida ([18]). Sólo el 1 % de las empresas argentinas pueden considerarse de alta tecnología y sus exportaciones alcanzan a sólo el 5 o 6 % del total de los productos manufacturados del país, cuando internacionalmente se considera que las exportaciones de alta tecnología deberían alcanzar el 25 % de las exportaciones industriales, sostiene un documento preparado por la Mesa de Ciencia y Tecnología del Diálogo Argentino ([19]). La inversión en ciencia y tecnología en la Argentina no supera el 0,40 % del producto bruto interno, aunque el mínimo recomendado por la UNESCO es del 1 % y muchos países con altas tasas de crecimiento están destinando entre el 2 y el 3 % del producto, con programas donde el Estado y la actividad privada se complementan con mutuos beneficios. Hace más de un siglo que la Argentina no tiene políticas de crecimiento que destaquen el conocimiento como motor del crecimiento. Paralelamente fueron aumentando los problemas económicos, las crisis y la pobreza. La inversión en educación, en investigación y en el desarrollo y aplicación de nuevas tecnologías debe permitir al país duplicar su crecimiento en menos de

---

(17) El 75 % de la superficie del país está afectada por procesos de erosión de los suelos. El grado de deterioro varía entre moderado y grave en los sesenta millones de hectáreas cultivables del territorio argentino. Se calcula que este problema reduce en hasta un 30 % los rendimientos de la producción agrícola. La erosión es la pérdida de la capa superior del suelo, que es la que contiene los nutrientes para los cultivos (la llamada tierra negra); un centímetro del suelo tarda entre 500 y 1.000 años en volver a formarse, por ese motivo a este proceso se lo considera irreversible, el suelo perdido no se recupera más para su cultivo.

(18) La industria moderna en países avanzados tiende a interrelacionar las empresas por medio de redes de producción que están cambiando las técnicas de gestión y organización, en un ambiente de alto nivel de conocimientos, capacitación y tecnología.

(19) Bases para el Consenso en Políticas de Estado, en Ciencia y Tecnología, 2003.

diez años y aumentar las exportaciones al 30 % del Producto con fuerte participación de los productos con mayor valor agregado. No es una utopía, otros países lo lograron y hoy pueden mostrar economías florecientes con altos ingresos per cápita y bienestar social ([20]).

En el país hay alguna experiencia con convenios de colaboración entre universidades y empresas que necesitan capacitar o actualizar sus cuadros técnicos y profesionales, aunque no es suficiente. Se debe lograr una mayor vinculación entre los investigadores científicos, que generalmente trabajan en organismos del Estado en condiciones difíciles por falta de presupuesto, con las empresas privadas y con el resto de la sociedad para difundir mejor los trabajos científicos. En la Argentina, la investigación y la docencia sólo son posibles por vocación. A la muy escasa compensación salarial se agrega la carencia de elementos, infraestructura o de incentivos para los trabajos científicos. No obstante, en muchas universidades oficiales y privadas y en organismos como el Conicet y otros, desarrollan su trabajo gran cantidad de investigadores y científicos.

Los problemas presupuestarios siempre sirvieron para justificar la falta de investigación. BERNARDO HOUSSAY, primer Premio Nobel de la Argentina, insistió en la necesidad de la investigación aun bajo condiciones económicas adversas y sus palabras son toda una definición sobre este tema: "**Los países son ricos porque investigan, y no porque son ricos investigan**".

Nadie duda, al menos desde el discurso público, de la importancia de la ciencia en el desarrollo productivo. Sin embargo, más allá de los problemas presupuestarios, el país no utilizó las ventajas relativas que tiene en la investigación científica. ¿Cuál es el motivo? La investigación que interesa al desarrollo productivo surge de la necesidad, del esfuerzo por buscar innovaciones para poder competir y ganar más o para mantenerse en el mercado; una industria en competencia promueve la investigación aplicada privada y presiona al Estado para crear y sostener instituciones científicas y tecnológicas. En el país generalmente no existió esa necesidad, por la protección arancelaria o cambiaria, y en los momentos de apertura la preocupa-

---

(20) Los denominados "tigres asiáticos" (Corea del Sur, Hong Kong, Singapur y Taiwán) cuadruplicaron su producto en quince años; Finlandia e Irlanda crecieron significativamente en pocos años. En su momento también lo habían hecho Japón, España, Noruega, Suecia, etc. (Japón en 20 años, entre 1960 y 1980 había aumentado el ingreso per cápita en más de 1.700 %).

ción fue subsistir en el corto plazo. Tampoco hubo integración entre la investigación y el sector productivo y las investigaciones oficiales y las realizadas por las universidades normalmente están desvinculadas de los otros sectores de la sociedad (salvo en el caso del sector agropecuario y quizá por ello el INTA tuvo mayor trascendencia que el INTI).

La corrupción
Obstáculo para el desarrollo

No siempre muy buenas condiciones para la inversión son suficientes para el crecimiento si existe corrupción generalizada en el país. La corrupción no sólo puede malograr nuevos emprendimientos, sino que crea en la población un fuerte sentimiento de desprotección y desigualdad y de desconfianza hacia las instituciones. Pero existe otra consecuencia peor: cuando la corrupción ya no es un problema coyuntural sino que se percibe como una endemia permanente e imposible de erradicar, la sociedad tolera ese comportamiento o lo acepta como normal y no censurable. Así comienza la impunidad para los corruptos, que se enriquecen clandestinamente, y el desánimo para las víctimas con su deterioro económico o productivo.

La ineficiencia y la deshonestidad en la administración pública, las coimas o los sobreprecios, atrasan, encarecen o impiden proyectos e inversiones, pero también fomentan la evasión impositiva, encontrando justificativos para esa difundida costumbre de no cumplir con las obligaciones fiscales, que es otro perjuicio para el crecimiento.

La cultura de la sociedad y los valores predominantes son decisivos para combatir la falta de ética y de moral. En los países donde la corrupción es casi inexistente [21] no son las disposiciones penales

---

(21) Finlandia, Dinamarca, Nueva Zelanda, Suecia, Holanda, Canadá, Noruega, Reino Unido, son los países más transparentes según Transparency International, que elabora este índice que tiene reconocimiento universal, que refleja "los niveles de corrupción en el sector público tal como es percibido por empresarios, analistas de riesgos y gente relacionada con el comercio y las finanzas internacionales de 102 países". Para 2002 la Argentina figura en la posición 70 entre los países con peor reputación y como la nación latinoamericana menos transparente.

sino la propia sociedad la que castiga más duramente a un corrupto, a un evasor o a un infractor a las leyes, con la exclusión y el rechazo de sus círculos sociales o hasta del ambiente familiar. Esa actitud de la población tiene un fuerte sustento en los conceptos de equidad y de igualdad de oportunidades, base del crecimiento de esas naciones.

En la Argentina la corrupción generalizada en las instituciones públicas, la falta de ética y la mediocridad en funcionarios, jueces y legisladores, los pedidos de retornos (coimas) en inspectores, fuerzas policiales, sindicatos y oficinas de habilitaciones o autorizaciones y una dirigencia empresaria que facilita esas prácticas, por comodidad o por conveniencia, desalientan al inversor interno o externo y constituyen un pesado lastre para el crecimiento del país.

Es cierto que grandes inversiones llegaron al país a principios de la década pasada cuando el nivel de corrupción por lo menos era el mismo. Sin embargo, en esa época la oferta de nuevos negocios por la privatización de empresas públicas era un imán muy poderoso para muchos capitales ansiosos de encontrar mejores réditos. Cuando desaparecen esos incentivos comienza un análisis más minucioso del país y sus circunstancias. En ese examen aparecen las debilidades que alejarán las inversiones directas más serias.

Eliminar la corrupción es una tarea que requerirá grandes esfuerzos. En el sector público debe existir transparencia desde las más altas decisiones del poder ejecutivo hasta en los trámites municipales. En el sector privado debe cambiar la actitud de la gente hacia el pago de sobornos para que sea igualmente reprochable recibir o pagar una coima y recuperar la clara distinción entre dineros bien y mal habidos.

Conclusión

Se consideraron en este capítulo las condiciones para el desarrollo sostenido o sustentable que significa no sólo lograr el crecimiento de la producción sino también el bienestar de sus habitantes. La Argentina es una nación con enormes riquezas naturales, sin conflictos étnicos ni religiosos, sin la amenaza de catástrofes de la naturaleza, sin profundos desencuentros internos y con una adecuada dotación humana. Sin embargo, la Argentina no creció y hoy es un país empobrecido, con dirigentes que todavía no tienen claro el rumbo a seguir, demasiado preocupados, desde hace décadas, en tratar de definir "el perfil del país que queremos". No cabe duda de que a todos interesa el crecimiento, el mayor bienestar, la distribución equitativa de la riqueza y que no exista la pobreza. Pero para conseguir el bienestar hace falta crecer y la teoría económica, como se analizó, muestra el camino a seguir.

La educación y la capacitación son claves para el desarrollo. La diferencia en el crecimiento de los países en gran medida está dada por los niveles y calidad de la educación y las limitaciones en la tecnología que generalmente ello implica. Un reciente informe de la UNESCO [22] establece que cuando aumenta el nivel general de escolaridad de la población sube también, correlativamente, la tasa de crecimiento económico a largo plazo y recomienda que los países emergentes deberían realizar inversiones adicionales en educación si realmente aspiran a estrechar la brecha que los separa de las sociedades desarrolladas. Esas inversiones son posibles, no se trata de proyectos inalcanzables por su magnitud; hace falta decisión, organización y planes concertados a largo plazo que no cambien con cada relevo de gobierno.

La inversión y el progreso tecnológico aparecen como factores prioritarios e imprescindibles para el desarrollo. Para invertir se necesita que exista ahorro privado canalizado a través de las instituciones financieras, bancarias y no bancarias; si el ahorro nacional disponible (el que queda en el país y está dentro del circuito financiero) no es suficiente para cubrir la inversión que el país necesita, se debe recurrir al ahorro externo (o en caso contrario, invertir menos). Los capitales del exterior, igual que los nacionales, deciden una inversión directa en el país si ésta es rentable; para eso tendrán en cuenta el crecimiento futuro esperado (es difícil una radicación de capital si hay expectativas de recesión prolongada), la variación esperada en el tipo de cambio, la inflación proyectada y el riesgo país.

Las empresas nacionales tomarán los mismos elementos para decidir una inversión, pero además evaluarán la posibilidad de crédito interno y de contar con una baja tasa de interés. Esto tiene relación con el desarrollo del mercado de capitales, la creación de nuevos instrumentos de intermediación financiera y que los fondos de

---

(22) "Financiamiento de la educación: inversiones y rendimientos", UNESCO y Organización de Cooperación y Desarrollo Económico (OCDE).

ahorro vayan dirigiéndose a depósitos de largo plazo, en un contexto de estabilidad monetaria. La tasa de interés activa se reducirá en la medida en que el Estado limite su toma de fondos del mercado como lo viene haciendo desde hace muchos años a través de la venta de títulos públicos.

La estabilidad económica es otra condición ineludible para cualquier inversión seria de largo plazo. La experiencia argentina de más de medio siglo con inflación es suficientemente demostrativa: con inflación el país no creció. Pero también hacen falta reglas de juego claras y lograr confianza en los operadores, pues las expectativas pueden considerarse hoy una variable económica tan o más importante que los precios o la tasa de interés. La recuperación de la confianza requiere resolver todos los problemas pendientes, el mayor de los cuales, sin duda, es el pago de los títulos públicos en default, colocados en el país y en el exterior.

El Estado tiene una responsabilidad destacada en la política de crecimiento que se ha planteado y un preponderante papel en la inversión en capital humano que significa su intervención en las áreas de salud, educación, capacitación e investigación. Citando nuevamente a BERNARDO HOUSSAY, el país debe optar entre ciencia o mediocridad. La pobreza, la salud y la educación son temas vinculados que deben solucionarse inmediatamente para no comprometer el porvenir. La reconstrucción del capital humano tarda años en obtenerse, mientras tanto, científicos y técnicos se van del país. Los efectos de la pobreza y la indigencia, considerados en un capítulo anterior, y la falta de inversión en capital humano, aquí analizados, son una combinación demasiado peligrosa para el futuro del país.

La inversión y la incorporación de tecnología también es responsabilidad del empresariado nacional. La Argentina vivió buena parte del siglo XX con políticas muy proteccionistas, en una economía sumamente cerrada, con una dirigencia no convencida de los beneficios de la libertad económica, en un ambiente donde el éxito y la ganancia son censurables y con una clase empresaria sin espíritu de competencia ("no schumpeterianos").

Buena parte del empresariado de los años cuarenta y cincuenta no reinvirtió ganancias en sus propias industrias, sino que retiró beneficios y capital que fue ahorrado o invertido fuera del país o se dedicó a la compra, por status social, de grandes extensiones de tierra nunca bien explotadas por falta de vocación. Así languideció la industria manufacturera y, simultáneamente, se perdieron establecimientos rurales. Lejos estaban de otros empresarios emprendedores que luchan con tenacidad por mantener y hacer crecer sus empresas, innovando para mejorar precios y calidad para no quedar fuera de mercado o para poder exportar.

El Estado debe crear las condiciones para que se desenvuelva la actividad privada en un mercado abierto y competitivo. Los subsidios u otras ayudas estatales a determinadas actividades, crean injustas diferencias o preferencias no siempre razonables; las condiciones deben ser equitativas para todo el mercado. Una excesiva protección crea industrias ineficientes, con productos de baja calidad y de alto costo para los consumidores. A las empresas eficientes, más que la competencia del exterior las perjudica la desleal competencia interna de las empresas que obtienen beneficios especiales del Estado, o de la banca estatal o son evasores impositivos o no cumplen con las leyes laborales (trabajo en negro con bajos salarios) o no respetan otras disposiciones legales, sin tener el castigo correspondiente.

El comportamiento humano es otro determinante del desarrollo. Se debe recuperar la cultura del trabajo y del esfuerzo, y el respeto por el derecho de los demás y el convencimiento de que ante situaciones adversas nada se consigue sin sacrificio, empeño e imaginación. Por otro lado la percepción de alta corrupción en la administración pública y en los negocios es un mal antecedente para el país. Combatir el comportamiento no ético, en la esfera pública y privada, es responsabilidad de todos. El corrupto debe ser visto y señalado como un enemigo de la sociedad y del país [23].

El crecimiento de la producción con incorporación de tecnología debe permitir aumentar las exportaciones e incorporar valor agregado a las ventas al exterior. Esto no significa volver al falso dilema de producir "acero o caramelos" o "cañones o mantequilla", como citaba PAUL SAMUELSON en sus conocidos manuales de economía. El país necesita duplicar las exportaciones (alcanzar un mínimo del 20 al 25 % del producto bruto interno) y las combinaciones de trigo, acero o equipos de alta tecnología lo decidirán las empresas y la demanda del exterior.

---

(23) Para Transparency International se necesitan al menos tres cosas para reducir la corrupción: un gobierno con determinación, justicia independiente y una prensa libre y fuerte.

Este incremento en las exportaciones se puede conseguir una vez restablecido el crédito y con una política exportadora que no puede estar sustentada en un tipo de cambio artificialmente elevado que es un subsidio encubierto en perjuicio de otros sectores y que no soluciona la falta de competitividad de la industria. Un tipo de cambio adecuado debe permitir a la empresa importar para actualizarse tecnológicamente. Se deben eliminar las trabas burocráticas a la exportación, pero también las medidas proteccionistas que faciliten vender al mercado interno sin incentivo para exportar. La exportación debe convertirse en una necesidad para la empresa, y no ser una opción para cuando disminuye el mercado interno. En resumen, instalar la cultura exportadora a la que se hizo referencia en el cap. VII, para un desarrollo sustentable y para un crecimiento genuino del empleo.

Forma parte de una activa política exportadora la gestión permanente para conseguir mercados y la queja ante los organismos internacionales contra el perjudicial proteccionismo de los países desarrollados que alteran la globalización de los mercados y crea injustas diferencias.

Por último, la sociedad, los negocios, las inversiones, la economía toda, sólo se desarrollarán armónicamente en un ambiente de seguridad jurídica. El derecho y la ley deben prevalecer sobre las decisiones políticas de los gobernantes. La gente, los comerciantes, los empresarios, los que demandan y los que ofrecen, los que deben tomar decisiones todos los días, necesitan confiar en la estabilidad de los actos y decisiones administrativas y en la justa y equitativa resolución de los conflictos con una organización judicial independiente, competente y eficiente.

Anexos

Anexo 1

Reestructuración de la deuda pública argentina

La cesación de pagos declarada por el efímero gobierno de ADOL-FO RODRÍGUEZ SAÁ a fines de diciembre de 2001 tiene especial importancia por las consecuencias para el país, pero también porque indudablemente en los próximos años será motivo de estudio y análisis por su volumen, con pocos antecedentes en el orden internacional, y por la cantidad de inversionistas perjudicados diseminados en todo el mundo.

Tal declaración significó la suspensión total de los pagos de capital e intereses de todos los títulos emitidos hasta ese entonces por el Estado y comprendió desde bancos, fondos de inversión y fondos de pensión hasta pequeños inversores o ahorristas individuales, argentinos y extranjeros, que en conjunto son acreedores de los 100.000 millones de dólares que fue aproximadamente la deuda en default.

No es la primera crisis en el país por imposibilidad de cancelar las deudas con el exterior, pero siempre privó la actitud responsable de reconocimiento de las obligaciones y la expresa voluntad de pago aunque las condiciones internas hicieran necesario pedir la ayuda de los acreedores. La historia argentina recuerda el default de un préstamo de la banca Baring a la provincia de Buenos Aires, en 1826, que se pudo cancelar muchos años después pagando el capital más todos los intereses que correspondían. Pasaron cincuenta años y en 1876 el país enfrentaba otra crisis cuyas consecuencias se evitaron con la firme decisión del presidente NICOLÁS AVELLANEDA que desde el Congreso de la Nación advertía que "hay dos millones de argentinos que ahorrarán hasta sobre su hambre y su sed para responder, en una situación suprema, a los compromisos de nuestra fe pública en nuestros mercados extranjeros".

Estas actitudes dieron prestigio al país permitiendo que los mercados de capitales continuaran abiertos para una nación que estaba creciendo con muchos problemas pero que aparecía confiable en los mercados del exterior. Hay otros antecedentes, más recientes, pero en todos los casos la suspensión de pago fue rápidamente solucionada con el acuerdo con los organismos acreedores.

Durante el último gobierno militar, entre 1976 y 1983, la deuda pública tuvo un importante crecimiento con el endeudamiento de las principales empresas del Estado (YPF, Segba, ELMA, Somisa, ENTEL) bajo el pretexto de un plan de inversiones públicas que en realidad sirvió para financiar otros proyectos como el promocionado campeonato mundial de fútbol de 1978, las costosas ampliaciones de la represa hidroeléctrica de Yaciretá y una desproporcionada compra de armas como anticipo del enfrentamiento bélico en la Guerra de Malvinas en 1982, que resultó una buena justificación para una suspensión de pagos de la deuda que era inevitable por la acumulación de vencimientos ([1]).

El ordenamiento democrático, a partir de 1983, y los gobiernos constitucionales que siguieron no llegaron a frenar la imprudente propensión al mayor endeudamiento. A principios de la década del noventa nuevamente se había complicado el pago de las obligaciones con el exterior; la estructura de la deuda todavía permitía tratar con pocos acreedores, los grandes bancos y organismos internacionales, y en poco tiempo se acordó por medio del Plan Brady la reestructuración de los vencimientos. Desde entonces, como se explicó en el cap. VIII, los préstamos fueron reemplazados en mayor medida por la emisión de títulos públicos, y a fines de la década ya no era tan fácil el cambio de deuda vieja por deuda nueva y las colocaciones de títulos fueron cada vez más costosas y difíciles.

La culpa de la abultada deuda y la situación que llevó al default no puede atribuirse a los miles de tenedores de bonos distribuidos en el mundo y en el país, sino a la irresponsabilidad de los gobernantes que no supieron controlar las cuentas públicas o que provocaron la cesación de pagos en lugar de buscar soluciones para las que se ne-

---

(1) Fuente: KANENGUISER, MARTÍN, *La maldita herencia*, Editorial Sudamericana, 2003.

cesitaba coraje, empeño, seriedad y prestigio, para cambiar las expectativas y presentar un plan creíble en el interior y en el exterior (²).

Antecedentes internacionales

Generalmente se hace referencia a la voluminosa deuda pública que mantenía Alemania al terminar la Segunda Guerra Mundial, contraída por el régimen del Tercer Reich y las originadas por las ayudas económicas de posguerra (Plan Marshall). En 1953, las complejas negociaciones impulsadas por Francia, Gran Bretaña y los Estados Unidos culminaron en el Acuerdo de Londres donde se establecieron las condiciones de pago. Es difícil calcular la posible quita sobre el capital que resultó en definitiva porque, como comentan algunos historiadores, gran parte de la deuda fueron las contribuciones de posguerra que muchas veces fueron consideradas donación para los países que las recibieron. Según cuenta Roberto Cortés Conde, el acuerdo aceptó calcular los intereses atrasados sobre la base del interés simple, algo más bajo que los vigentes, pero mantuvo la deuda original (preguerra) sin ninguna quita, aunque con un período de gracia de cinco años para las amortizaciones del capital.

La diferencia fundamental con la deuda argentina es que en la alemana los acreedores no eran ahorristas diseminados en el mundo, sino algunos de los países más poderosos, vencedores en la guerra y principales interesados en normalizar la situación de Alemania y de toda la zona.

El otro antecedente más cercano es el default de la deuda de Rusia en 1998. Aquí también la deuda estaba concentrada en algunos importantes acreedores y pocos días después de la cesación de pagos comenzaron las tratativas para un arreglo que se concretó en muy poco tiempo.

---

(2) Aparte de la deuda pública quedó un stock importante de deuda privada cuya responsabilidad de negociación correspondió a cada empresa. Varias de ellas entraron en cesación de pagos al eliminarse la convertibilidad y a principios de 2004 todavía no habían solucionado su situación. Las empresas que más importaban (desde insumos para pymes industriales hasta equipos para grandes empresas) fueron las que quedaron más endeudadas porque importaron con la relación 1 a 1, recibieron el producido de sus ventas en pesos en esa proporción, pero al tener que pagar sus obligaciones al exterior la relación era muy distinta. Así entraron en default empresas que no pudieron hacer frente a un tipo de cambio muy diferente del que regía cuando contrataron la financiación.

El caso argentino
Acuerdo con el FMI

En setiembre de 2003 quedó aprobada la carta de intención con el Fondo Monetario Internacional. Con este acuerdo, el Fondo refinanció la deuda que tenía Argentina con los organismos internacionales (que no entró en el default) y se aseguró el cobro de los intereses sin quitas ni períodos de gracia. El país asumió un compromiso de disciplina fiscal y se comprometió a alcanzar un superávit fiscal primario de 3 % del PBI en 2004 y "asegurar la extensión de la tendencia para 2005 y 2006 [...] de manera de alcanzar niveles suficientes para cubrir los pagos netos de la deuda". De esta forma, debido a la dificultad en pactar un déficit fiscal mayor, se llegó a una solución intermedia con una carta de intención hasta 2006 pero con metas concretas para 2004, quedando sujetas a negociación las condiciones para los próximos dos años.

El acuerdo supone una tasa de crecimiento del producto de 4 % anual para los años 2004 a 2006, con una inflación anual entre el 7 y 11 % para 2004 con leves descensos para 2005 y 2006. Con respecto a la emisión monetaria, se establece que "para lograr las metas debe existir cierta moderación en el crecimiento de la base monetaria" previéndose un crecimiento de 12,5 % para 2004.

Con posterioridad a la firma del acuerdo, se conoció un informe reservado del FMI sobre la situación económica de la Argentina en el que insiste en la necesidad de alcanzar un superávit fiscal mayor para pagar las obligaciones que no están en default. "El superávit de 3 % del PBI en promedio sobre 2005-2006 no sería suficiente para cubrir los pagos de la deuda (la que actualmente se respeta) después de 2004", y agregaba "elevar el superávit primario a mediano plazo es necesario para atender las obligaciones con organismos y acreedores oficiales y en la deuda que actualmente se está cumpliendo y para apuntalar una reestructuración creíble de la deuda en default. Las autoridades aún tienen que cuantificar el sendero del superávit primario más allá del 3 % previsto para 2004, aunque se han comprometido a subirlo a niveles suficientes para alcanzar los objetivos arriba mencionados. Sin embargo, aún un superávit primario del orden de 4,5 - 5 % del PBI y una deuda reestructurada con una quita más profunda que la que anticipan los precios de los actuales bonos, de-

jaría en un inconfortablemente alto nivel la deuda pos-reestructura-
ción por muchos años" ([3]).

La preocupación es si más allá de 2004 el superávit fiscal previsto alcanzará para cubrir la deuda nueva (posdefault) constituida por
los títulos emitidos desde 2002 (Boden y préstamos garantizados) ([4])
y las obligaciones que surjan del arreglo definitivo de la deuda que
había quedado en default; varios de esos títulos tienen vencimiento
de amortizaciones de capital a partir de 2005, con lo cual habrá un
peso considerable en los egresos futuros del sector público o se deberá financiar con mayor endeudamiento doméstico. El gobierno, por
su parte, confía en la reapertura del crédito internacional para pagar
la deuda reestructurada. La mayor presión del FMI para incrementar
ese superávit fiscal tiene también su motivo en los reclamos de los
acreedores privados ante los gobiernos de los países centrales y de
éstos ante el FMI para que la Argentina mejore su oferta.

El FMI es generalmente tratado como acreedor privilegiado (con
beneficios que no tienen el resto de los acreedores) por su función,
reconocida universalmente, de prestamista de última instancia. Existió
temor de que algún fallo judicial del exterior ordene aplicar la cláu-
sula *pari passu* que pone en igualdad de condiciones a todos los acreedores; esto le sucedió a Perú, que tuvo que pagar el valor total de su
deuda a una firma norteamericana a pesar de tener un acuerdo apro-
bado con el resto de los tenedores de bonos. Por su parte el Fondo
también debe cuidar la reacción de los bonistas, ya que las reglamentaciones de la institución le impiden prestar a una nación que mantenga default con los acreedores privados, la situación es distinta si
existe una expresa voluntad negociadora.

Mientras no se pague la deuda y se mantengan elevados los ingresos fiscales, algunos estiman que el superávit del Estado podría ser
superior a ese 3 % previsto. El motivo del debate es el uso del excedente: el gobierno se empeña en destinarlo a aumentar el gasto para
mantener alta la demanda interna, los acreedores, por su lado, pretenden que sea utilizado para pagar la deuda. Pero ese superávit pa-

---

(3) FMI. Informe del Departamento del Hemisferio Occidental.

(4) La deuda nueva está compuesta por los Boden 2005, 2007, 2008, 2012 y 2013
emitidos para compensar a bancos, a ahorristas (por sus depósitos incautados), a jubilados y empleados públicos (por el recorte del 13 % de sus haberes) y para pagar
juicios ganados al Estado; por Bogar, emitidos con motivo de la deuda provincial na-
cionalizada y los préstamos garantizados entregados a bancos y las AFJP que los aceptaron.

rece difícil de mantener en el tiempo si se sincera la economía, eliminando los impuestos distorsivos (retenciones, impuesto al cheque) y se actualizan los egresos del Estado afectados por la inflación como los salarios públicos y las jubilaciones o aspectos que hacen a la recaudación como los mínimos no imponibles y la falta de ajustes por inflación. Para mantener ese superávit será necesario mayor austeridad fiscal o llevar a la práctica reformas estructurales que aún no se ven planteadas. La historia muestra que nunca el país obtuvo un superávit importante y nada indica que ahora se pueda lograr sin mayor austeridad en los gastos, por lo que sería recomendable constituir un fondo de reserva para los años menos favorables.

Deuda bruta y deuda en cesación de pago

En octubre de 2003 el gobierno presentó algunos elementos para una propuesta de renegociación de la deuda pública. En esa oportunidad estimó a diciembre de 2003 el stock de la deuda en cesación de pagos (a reestructurar) y la deuda que no entró en el default (la que se mantiene con organismos internacionales y los bonos emitidos con posterioridad a la fecha de corte el 31 de diciembre de 2001.

Deuda pública argentina (1)		
	Millones de dólares	Porcentaje s/total
DEUDA A REESTRUCTURAR		
Deuda elegible (bonos)	99.400	53,6
Otros acreedores	7.300	4,0
Subtotal	**106.700**	**57,6**
DEUDA NO DEFAULT		
Organismos internacionales	30.800	16,6
BODENs	20.600	11,1
Préstamos y bonos garantizados	27.100	14,7
Subtotal	78.500	42,4
DEUDA TOTAL	**185.200**	**100**

(1) **Fuente:** Ministerio de Economía. Presentación del Secretario de Finanzas en octubre de 2003. Incluye los intereses capitalizados y devengados que no estaban considerados en la primera presentación en Dubai en setiembre del mismo año.

La llamada "deuda elegible" incluye 152 series de bonos emitidos por el país en dólares, yenes, libras esterlinas, francos suizos y pesos; "otros acreedores" comprende la deuda con bancos, organismos oficiales y otros. De acuerdo con los datos del Ministerio de Economía y Producción, más del 50 % de la deuda exigible se encontraba en manos de ciudadanos argentinos: el 38 % en la Argentina y el resto en tenedores argentinos en el exterior. A esto habría que agregar la cantidad de gente afectada indirectamente (no tenedores de bonos), como por ejemplo afiliados a las AFJP. Este es el motivo por el cual es incorrecto hablar de deuda externa para referirse a toda la deuda pública argentina.

Tenedores de bonos en default por país			
Argentina	38,4 %	Alemania	5,1 %
Italia	15,6 %	Japón	3,1 %
Suiza	10,3 %	Otros	5,4 %
Estados Unidos	9,1 %	Sin identific.	12,8 %
Fuente: Ministerio de Economía.			

Propuesta básica de renegociación

La propuesta inicial presentada como un "ejercicio de sustentabilidad de la deuda" preveía reemplazar los bonos en default por otros títulos con las siguientes opciones:

- Bonos "a descuento" con una quita del 75 % en su valor nominal con un rango de tasas entre 1 y 5 % según una vida promedio del título entre 8 y 32 años.

- Bonos "a la par", sin quita en el valor nominal, con una tasa fija que podría estar entre 0,5 y 1,5 % para un plazo entre 20 y 42 años.

- Bonos "cuasipar" con una quita menor, con cupones comparativamente menores al del bono con descuento y vencimientos hasta 42 años.

- Bonos ligados al crecimiento, con un cupón base más bajo más una prima en función del crecimiento del PBI.

Las autoridades económicas expresaron en aquella propuesta que los objetivos de la reestructuración eran minimizar la carga de la deuda, recuperar la solvencia a través de mejoras en los ratios clave (como deuda/PBI o servicios/ingresos fiscales), asegurar la liquidez a través de un nuevo perfil de deuda consistente con la capacidad de pago y facilitar el retorno a los mercados de capitales.

La propuesta inicial fue rechazada por todos los acreedores e incentivó el inicio de acciones legales en distintas ciudades del mundo. La quita nominal del 75 % fue considerada abusiva porque si bien algunos acreedores han adquirido los bonos ya desvalorizados con intenciones especulativas, muchos otros son ahorristas de buena fe que adquirieron sus títulos cuando el país presentaba una imagen de crecimiento y de expansión futura que hacían atractivos los bonos de un país emergente y que en su momento eran fáciles de negociar por la liquidez que presentaba el mercado. Constituyó para algunos una interesante alternativa de inversión que debe diferenciarse de los llamados fondos buitres o especulativos.

El pago de la deuda demandará varias décadas, eso permite realizar alguna oferta de reestructuración más atractiva para los bonistas sin que ello signifique mayores penurias fiscales pero contemplando los requerimientos de los distintos acreedores. Quienes necesitan cobrar rápido estarán más dispuestos a una quita considerable, otros en cambio, preferirán recuperar su inversión aunque deban esperar varios años (entre estos últimos se cuentan los bancos, las AFJP y los fondos de inversión).

La relación entre la tasa de interés convenida y los plazos de pago determinan el valor actual de la deuda ([5]), pero también dependerá de la tasa de interés de mercado esperada por los acreedores. En un contexto internacional de tasas de interés muy bajas bien podrían ofrecerse tasas nominales más atractivas para que el valor actual de la quita sea menor (mientras no existan expectativas en el mercado de una tasa esperada futura mayor que operaría en sentido inverso disminuyendo el valor actual). La demora en llegar a un acuerdo podría enfrentar al país a una negociación con tasas de interés más al-

---

(5) Concepto de valor actual de una suma de dinero: el valor actual de $ 100 a recibir dentro de un año es igual a 100 / (1 + i). Cuanto más alta sea la tasa de interés (i) menor será el valor actual, en el presente, de los cien pesos a recibir dentro de un año. Si esa cantidad se recibiera dentro de dos años el valor actual sería todavía menor, equivalente a 100 / (1 + i') (1 + i'') donde i' es la tasa de interés a un año e i'' es la tasa esperada para el año siguiente. A mayor tasa de interés esperada para los próximos años menor valor actual.

tas que llevarían a los acreedores a reclamar también tasas más elevadas.

La renegociación es necesaria porque la Argentina no podría pagar esta deuda en las condiciones actuales, pero el acuerdo debería ser razonable para las partes aunque su aceptación signifique algún sacrificio para todos. Mayor sacrificio y perjuicios para el bienestar general, sin embargo, sería no lograr un acuerdo adecuado.

Motivos que hacen necesario un acuerdo

La restauración de la confianza interna y externa es fundamental para el crecimiento del país. No se trata de conseguir nuevamente mercados para continuar ampliando el endeudamiento público, sino de crear las condiciones para que el sector privado, que es el genuino impulsor del crecimiento, pueda obtener créditos para financiar la inversión o para colocar las exportaciones. Las normas bancarias internacionales establecen que deben previsionarse los préstamos otorgados a las naciones o a empresas de los países con incumplimiento de sus obligaciones y esto encarece o virtualmente impide al sector privado la contratación de nuevo financiamiento. El capital que ingrese al país en estas condiciones es de origen especulativo difícilmente orientado a la producción o a inversiones de largo plazo.

El ahorro nacional disponible, ya se explicó, no es suficiente para cubrir la inversión y reemplazar la salida de capitales que se registra en los últimos años, pero además debe recordarse que una tasa de inversión no menor al 20 % del PBI es el nivel mínimo para un crecimiento sostenido.

En el futuro no debe volverse al endeudamiento para financiar gasto público corriente, pero no puede descartarse la posibilidad de recurrir al capital externo para obras extraordinarias que requiere un país en crecimiento genuino. Por otra parte, la solución se torna imprescindible si se confía en volver al mercado de capitales como parte del arreglo definitivo del default.

Se comparó el default del país a la quiebra de una empresa pero la diferencia es fundamental: el país no cierra, continúa formando parte del conjunto de las naciones con las que comercia, con las que tiene vínculos imposibles de dejar de lado en el mundo actual, pero, sobre todo, continúan viviendo sus ciudadanos que necesitan comerciar sus productos y sus servicios o realizar desde negocios financieros hasta intercambios culturales o sociales y lo necesitan hacer con dignidad, no con el estigma de un país que incumple con sus obligaciones.

El presupuesto nacional 2004 y las proyecciones macroeconómicas hasta 2006

El presupuesto de gastos y recursos de la administración nacional establece en $ 59.700 millones los gastos corrientes y de capital para 2004 con los siguientes destinos:

	Millones de pesos
Administración gubernamental	4.281
Defensa y seguridad	4.847
Servicios sociales	40.393
Servicios económicos	3.240
Servicios de la deuda pública	6.948
Total	**59.709**

Los ingresos de la administración nacional fueron estimados en 62.012 millones de pesos, de ello resultaría un superávit primario para 2004 de 2.304 millones de pesos (sin considerar el pago de deuda pública).

El Presupuesto 2004 está considerando una inflación anual de 10,5 % que parecería excesiva comparada con 2003 (que alcanzó a 3,7 %) aunque posible si continúa la política monetaria expansiva y se destraba el virtual congelamiento de tarifas y de salarios. Si se cumple la pauta inflacionaria, el gasto total presupuestado sería inferior en términos reales al de 2003, continuando así el ajuste fiscal vía inflación iniciado en 2002. Los gastos que más bajaron en términos reales son las prestaciones de seguridad social y no se contemplan aumentos salariales para el sector público durante 2004. Otros rubros, en cambio, con aumentos más significativos como Promoción y Asistencia Social o Servicios Económicos, revelan una mayor preferencia por las políticas activas. Por el lado de los ingresos, la inflación prevista de 10,5 % permitió el cálculo optimista de la recaudación tributaria (aunque en 2003 los ingresos tributarios habían crecido más del 40 %, fundamentalmente por la mayor recaudación en Ganancias, Bienes Personales y Derechos de exportación).

Con respecto a la deuda pública, la ley de presupuesto legalizó el mantenimiento del default al establecer el diferimiento de los pagos de los servicios de la deuda contraída con anterioridad al 31 de diciembre de 2001 "hasta que el Poder Ejecutivo Nacional declare la finalización del proceso de reestructuración de la misma", exceptuándose determinadas obligaciones expresamente detalladas, entre ellas "los servicios de la deuda de los organismos multilaterales de crédito de los que la República Argentina forma parte".

Se faculta, por otra parte, al Ministerio de Economía y Producción a la emisión y colocación de dos nuevas series de títulos de la Deuda Pública con plazos de 10 años y 20 años (vencimientos en 2014 y 2024) con una primera cuota para pago de intereses y amortizaciones en 2008 y 2014, respectivamente.

Proyecciones macroeconómicas oficiales

En oportunidad de la presentación del proyecto de presupuesto 2004 el Ministerio de Economía y Producción hizo conocer sus estimaciones sobre la marcha de la economía hasta 2006, que se detallan en el cuadro siguiente.

Proyecciones macroeconómicas (¹)			
	2004	**2005**	**2006**
PBI	416.865	460.965	501.451
CONSUMO	72,4 %	73,4 %	74,1 %
INVERSIÓN	14,4 %	15,3 %	16,0 %
Tasa inflación	10,5 %	8,0 %	6,5 %

(1) El PBI está informado en millones de pesos corrientes (no está referido a un año base) por ese motivo se indica la tasa de inflación que estimaron para cada año. El resto de los componentes está calculado como porcentaje del PBI para cada año.

Comercio exterior en millones de dólares			
	2004	**2005**	**2006**
Exportaciones FOB	29.815	31.810	33.913
Importaciones CIF	15.131	18.019	20.622

Fuente: Ministerio de Economía y Producción. Presentación del Proyecto de Presupuesto 2004.

Relevamiento de las Expectativas de Mercado (REM)

En el inicio de 2004, el 8 de enero, el Banco Central de la República Argentina difundió por primera vez los resultados de una nueva herramienta para la política monetaria a través de las expectativas de los operadores: el Relevamiento de las Expectativas de Mercado (REM) es una encuesta, con actualización semanal, de los pronósticos macroeconómicos de corto y mediano plazo de una cantidad importante de analistas, expertos e instituciones oficiales y privadas que, voluntariamente, participan con sus estimaciones.

El objetivo del Banco Central es que esta información sea útil para la conducción de la política monetaria y así lo expresaba: "Para cumplir con el mandato de preservar el valor de la moneda el BCRA necesita comprender el proceso de formación de expectativas de la manera más acabada posible, anticipándose así a las tendencias inherentes de la inflación antes que éstas se manifiesten en los índices. El REM se perfila entonces como un canal de información importante para este aspecto de la política monetaria" [6].

En las primeras encuestas participaron 20 consultores económicos, 12 bancos, 3 bancos de inversión, 9 fundaciones y centros de estudios y 12 universidades de Buenos Aires y del interior del país, pero se espera ampliar el universo de consultados. Se seleccionaron 20 variables, que son las relevadas, que reflejan la evolución de los

---

[6] BCRA. Síntesis Metodológica del REM.

precios, el nivel de la actividad económica y del empleo, las perspectivas sobre el sector externo, las finanzas públicas y los principales agregados monetarios.

Variables relevadas	
• Precios	Índice de precios al consumidor Índice de salarios, nivel general
• Moneda / Finanzas	Tasa de interés plazo fijo Tasa de interés lebac Base monetaria amplia Depósitos del sector privado no financiero Préstamos al sector privado no financiero Tipo de cambio nominal Reservas internacionales
• Actividad económica	EMI EMAE Tasas de desocupación PBI a precios constantes y precios corrientes Inversión bruta interna Consumo total
• Sector externo	Exportaciones Importaciones Saldo cuenta corriente del balance de pagos
• Fiscal	Recaudación tributaria Resultado primario del sector público

La encuesta abarca los dos períodos siguientes (meses o trimestres según la variable y el año corriente y el próximo. El jueves de cada semana el BCRA publica los resultados agregados de las expectativas del mercado. Con la metodología de cálculo el Banco Central informaba que esa publicación consiste en:

1. El valor **promedio** de cada una de las variables relevadas, como el promedio de los pronósticos de inflación.

2. La **mediana** de cada una de las variables. La mediana es el valor de las variables que divide el conjunto de pronósticos en dos partes iguales, un 50 % con un valor menor o igual y el otro 50 % con un valor igual o superior. Por ejemplo, si la mediana de la inflación es 5 % significa que la mitad de los respondentes estiman un aumento de los precios mayor o igual al 5 % en tanto la otra mitad estima un aumento menor o igual al 5 %.

3. El **desvío estándar** de cada una de las variables consultadas para saber qué tan dispersos son los pronósticos. No es lo mismo un promedio que surge de pronósticos similares (por ejemplo, el crecimiento promedio 8 % que surge de tres pronósticos: 7 %, 8 % y 9 %) que si los mismos son muy dispersos (el promedio de 8 % surge de pronósticos de 2 %, 8 % y 14 %). Cuanto mayor es el desvío, menos acuerdo hay entre los pronósticos. Si la mayoría de los pronósticos se ubican en torno al valor promedio, esto se reflejará en un bajo valor del desvío estándar y en que los valores de la mediana coinciden o se ubican muy cerca del valor promedio; cuando esto ocurre, el promedio es una buena medida central de la distribución, pero en los casos en que esto no ocurre se recomienda tomar la mediana como medida más adecuada.

4. Listado de los participantes.

5. Ranking de los participantes que mejor estimaron cada variable (a partir del séptimo mes de implementado el relevamiento).

Como ejemplo de la presentación de los resultados por parte del BCRA se transcriben a continuación algunas de las variables relevadas (en los primeros días de 2004) con las expectativas del mercado para los años 2004 y 2005.

	2004			2005		
Variable	Promedio	Mediana	Desvío	Promedio	Mediana	Desvío
PBI precios corrientes en millones de pesos	420.889	420.787	11.378	465.374	464.350	22.593
PBI precios constantes variac. s/año anterior	6,6 %	6,5 %	0,7	4,5 %	4,5 %	1,1
Inversión bruta inter. variac. s/año anterior	20,2 %	19,0 %	5,5	11,3 %	11,0 %	5,6
Base monetaria a dic. en millones de pesos	54.451	54.163	1.789	60.206	60.000	2.879
Precios al consumidor variac. s/año anterior	6,0 %	5,6 %	1,7	6,7 %	6,2 %	1,8
Interés p. fijo 30 días al último día hábil	5,71 %	5,60 %	1,90	6,04 %	5,90 %	2,33

Con el tiempo, una vez que se vayan ajustando las proyecciones y aclarando algunos aspectos, se podrá apreciar la utilidad de este tipo de información.

Presidentes de la República Argentina

El Congreso Constituyente convocado por la provincia de Buenos Aires en 1826 sanciona la Constitución ese año y crea el cargo de Presidente de las Provincias Unidas del Río de la Plata.

Fecha		
desde	hasta	
8/2/1826	18/8/1827	BERNARDINO RIVADAVIA. Unitario. Renuncia el 7/7/27 y continúa VICENTE LÓPEZ Y PLANES hasta disolución del Poder Ejecutivo y del Congreso Nacional.
1827	1853	Se suceden graves luchas internas entre unitarios y federales. JUAN MANUEL DE ROSAS gobernó la prov. de Buenos Aires en dos períodos hasta que fue vencido por URQUIZA en la Batalla de Caseros en 1852. El Acuerdo de San Nicolás (1852) permitió sancionar la Constitución Nacional de 1853 que intentó organizar el país.
5/3/1854	5/3/1860	JUSTO JOSÉ DE URQUIZA. Federal. Período de guerra civil y luchas políticas entre Buenos Aires y la Confederación.
5/3/1860	5/11/1861	SANTIAGO DERQUI. Federal. MITRE vence a URQUIZA en la Batalla de Pavón. Renuncia DERQUI.
11/1861	10/1862	Acefalía de gobierno. MITRE es designado Presidente provisional.

Fecha		
desde	**hasta**	
12/10/1862	12/10/1868	BARTOLOMÉ MITRE. Liberal. Luchas internas y Guerra con Paraguay (1865-70).
12/10/1868	12/10/1874	DOMINGO FAUSTINO SARMIENTO. Liberal.
12/10/1874	12/10/1880	NICOLÁS AVELLANEDA. Partido Autonomista (autonomismo porteño). La Revolución de 1880 finaliza con la federalización de Buenos Aires (Capital Federal).
12/10/1880	12/10/1886	JULIO ARGENTINO ROCA. Partido Autonomista Nacional (después se llamó Conservador).
12/10/1886	12/10/1892	MIGUEL JUÁREZ CELMAN. PAN. Renuncia en octubre de 1890 por revolución militar. Continúa el vicepresidente CARLOS PELLEGRINI (PAN).
12/10/1892	12/10/1898	LUIS SÁENZ PEÑA. Unión Cívica. Renuncia en enero de 1995 por presión revolucionaria. Continúa el vicepresidente JOSÉ EVARISTO URIBURU (PAN).
12/10/1898	12/10/1904	JULIO A. ROCA. Segunda presidencia.
12/10/1904	12/10/1910	MANUEL QUINTANA. Autonomista Nacional. Fallece el 12/3/1906 a los 88 años. Continúa el vicepresidente JOSÉ FIGUEROA ALCORTA.
12/10/1910	12/10/1916	ROQUE SÁENZ PEÑA. Conservador Autonomista. Fallece el 9/8/1914. Continúa el vicepresidente VICTORINO DE LA PLAZA.
12/10/1916	12/10/1922	HIPÓLITO YRIGOYEN. Radical.
12/10/1922	12/10/1928	MARCELO TORCUATO DE ALVEAR. Radical
12/10/1928	6/9/1930	HIPÓLITO YRIGOYEN. Segundo mandato. Depuesto por revolución militar.
6/9/1930	20/2/1932	JOSÉ FÉLIX URIBURU. Militar.
20/2/1932	20/2/1938	AGUSTÍN PEDRO JUSTO. Radical.
20/2/1938	4/6/1943	ROBERTO MARCELO ORTIZ. Radical. Renuncia el 26/6/1942. Continúa el vicepresidente RAMÓN S. CASTILLO. Depuesto por revolución militar.
7/6/1943	4/6/1946	PEDRO P. RAMÍREZ (depuesto) / EDELMIRO FARREL. Militares.
4/6/1946	4/6/1952	JUAN DOMINGO PERÓN. Justicialista.

Fecha		
desde	hasta	
4/6/1952	20/9/1955	JUAN DOMINGO PERÓN. Segundo mandato. Depuesto por revolución militar.
20/9/1955	1/5/1958	EDUARDO LONARDI (depuesto) / PEDRO EUGENIO ARAMBURU. Militares.
1/5/1958	12/10/1963	ARTURO FRONDIZI. Radical Intransigente. Depuesto el 29/3/62 por golpe militar. Continúa el senador JOSÉ MARÍA GUIDO (Radical).
12/10/1963	28/6/1966	ARTURO UMBERTO ILLIA. Radical. Depuesto por revolución militar.
29/6/1966	25/5/1973	JUAN CARLOS ONGANÍA / ROBERTO M. LEVINGSTON / ALEJANDRO LANUSSE. Militares.
25/5/1973	12/10/1973	HÉCTOR CÁMPORA. Justicialista. Renuncia el 13/7/1973. Asume el gobierno el presidente de la Cámara de Diputados, RAÚL LASTIRI. Convoca a nuevas elecciones.
12/10/1973	24/3/1976	JUAN DOMINGO PERÓN. Justicialista. Fallece el 1/7/1974. Asume la vicepresidente MARÍA ESTELA MARTÍNEZ DE PERÓN. Depuesta por revolución militar.
24/3/1976	10/12/1983	JORGE RAFAEL VIDELA / ROBERTO E. VIOLA / LEOPOLDO FORTUNATO GALTIERI / REYNALDO B. BIGNONE. Militares. Guerra de Malvinas en 1982.
10/12/1983	8/7/1989	RAÚL RICARDO ALFONSÍN. Radical. Renuncia.
8/7/1989	8/7/1995	CARLOS SAÚL MENEM. Justicialista.
8/7/1995	10/12/1999	CARLOS SAÚL MENEM. Segundo mandato.
10/12/1999	20/12/2001	FERNANDO DE LA RÚA. Radical. Renuncia.
20/12/2001	2/1/2002	RAMÓN PUERTA / ADOLFO RODRÍGUEZ SAÁ / EDUARDO CAMAÑO. Justicialistas.
2/1/2002	25/5/2002	EDUARDO DUHALDE. Justicialista (elección legislativa).
25/5/2003		NÉSTOR KIRCHNER. Justicialista.

Una nueva oferta para la reestructuración de la deuda pública

El 1° de junio de 2004 el gobierno argentino presentó a los acreedores una nueva oferta que mejora la propuesta inicial. Confirmó el reconocimiento de los intereses devengados desde que se inició el default hasta diciembre de 2003 (18.200 millones de dólares) y quedó establecido que la quita se calcula sobre el capital de 81.200 millones de dólares [7]. En consecuencia, la deuda reestructurada sería de 38.500 millones de dólares para lo que se ofrecen tres bonos, con tasas más atractivas que en la oferta inicial y todos con un cupón ligado al crecimiento del producto (si el PBI crece más del 3 % anual habría un premio adicional).

La propuesta supone una emisión de 20.200 millones de dólares de bonos "discount" (con la mencionada quita de capital) a 30 años de plazo, con un período de gracia (período en que no se paga amortización del capital) de 20 años; el cupón que paga el bono (tasa de interés anual) es del 3,97 % hasta el quinto año, sigue pagando el 5,77 % hasta el décimo año y a partir de allí el 8,21 % anual (en los primeros diez años capitaliza la diferencia entre el interés pagado y el 8,21 %). Se emitirían 10.000 millones de dólares de un Bono Par (sin quita de capital) a 35 años con un período de gracia de 25 años, a una tasa de 1,35 % anual hasta el quinto año y luego aumentando progresivamente hasta el 5,25 % desde el año dieciséis en adelante. Restan 8.330 millones de dólares para un bono cuasi par en pesos (se convierte cada dólar a $ 1,40 más CER) a 42 años con 32 años de gracia; los intereses (5,57 %) se capitalizan hasta el décimo año y comienzan a pagarse recién desde el año once. Es un bono destinado a las AFJP que tienen gran cantidad de títulos públicos en su poder.

---

[7] El total de la deuda elegible a reestructurar son 99.400 millones de dólares como se indica en el detalle de la deuda en la pág. 200. Esa suma se compone de 81.200 millones de capital más 18.200 millones de intereses.

Si el porcentaje de aceptación por parte de los acreedores supera el 70 %, se ofrece reconocer también los intereses corridos durante la primera mitad de 2004 (4.300 millones de dólares más) que llevarían la deuda nueva a la suma de 43.200 millones de dólares; en este caso cambia la estructura de la emisión de títulos con mayor cantidad de bonos par (5.000 millones de dólares adicionales) que se restan de la emisión de bonos *discount*; en todos los casos mejoran los intereses.

No es de descartar alguna otra alternativa que flexibilice más la oferta oficial. No obstante, en el caso de ser aceptada la propuesta en estas condiciones, se pueden adelantar las siguientes conclusiones:

- La deuda pública argentina, una vez concluida la reestructuración, estaría entre los 130.000 y 140.000 millones de dólares, es decir alrededor del 100 % del producto bruto interno. Antes de la devaluación, el 31 de diciembre de 2001, la deuda alcanzaba a 144.500 millones de dólares, un 54 % del producto en ese entonces.

- La deuda, comparada con el tamaño de la economía, será muy superior a la que existía al momento del default, aunque con una mejor estructura, con mayores plazos de pago y menores intereses (en la parte de deuda reestructurada).

- En los primeros años no está previsto pagar amortizaciones de capital (por la porción reestructurada) por lo tanto las erogaciones se limitan al pago de los intereses de los nuevos bonos y las obligaciones por los bonos posdefault [8]. Un superávit fiscal del 3 % del producto bruto puede cubrir las obligaciones dada la tasa de interés reducida de los primeros cinco años, pero a partir de allí comienza a crecer y se triplican los porcentajes para el año 2014 en adelante.

- Sin financiamiento externo será necesario mantener un muy importante superávit fiscal (que significa más recaudación y menos gasto público) y un destacado nivel de reservas internacionales para poder pagar los intereses y las amortizaciones de capital. No puede descartarse, entonces, la necesidad de recurrir nuevamente a los mercados internacionales para conseguir nuevo financiamiento.

- El default y la renegociación de la deuda no solucionaron el problema del endeudamiento público argentino a largo plazo. Sólo un crecimiento de la actividad económica, importante y sostenido, puede traer alivio a esa situación.

---

(8) En 2004 se emitieron nuevas series de los bonos de consolidación (BOCON) que estaban contemplados en el Presupuesto Nacional tal como se explica en el anexo 2, que suman obligaciones para los próximos años.

Bibliografía

ANTÓN, JORGE CARLOS, *Regiones económicas argentinas*, Editorial Ciudad Argentina, 1999.

ARRIAZU, RICARDO HÉCTOR, *Lecciones de las crisis argentinas*, El Ateneo, 2003.

BLANCHAR, OLIVIER y PÉREZ ENRRI, DANIEL, *Macroeconomía. Teoría y política económica*, Prentice Hall, 2000.

BLAQUIER, CARLOS PEDRO, *Consideraciones sobre la historia política argentina*, El Ateneo, 2003.

CORTES CONDE, ROBERTO, *La economía argentina en el largo plazo*, Editorial Sudamericana y Universidad de San Andrés, 1994.

DE SOTO, HERNANDO, *El misterio del capital*, Editorial Sudamericana, 2002.

DORNBUSCH, RUDIGER y FISCHER, STANLEY, *Macroeconomía*, McGraw-Hill, 1984.

FERRUCCI, RICARDO, *Instrumental para el estudio de la economía argentina*, Ediciones Macchi, 1995.

Fundación Banco de Boston, *La Pobreza, un programa de acción*, 1993.

GERCHUNOFF, PABLO y LLACH, LUCAS, *El ciclo de la ilusión y el desencanto*, Ariel, 1998.

GIL, OSCAR, *La economía argentina explicada*, Ediciones Macchi, 1998.

GIL, OSCAR, "El dilema del tipo de cambio en la Argentina", *Anales de la Facultad de Ciencias Económicas de la Universidad Nacional de Lomas de Zamora*, vol. 1, 1999.

INDEC, *La pobreza en la Argentina*, 1984.

JONES, CHARLES, *Introducción al crecimiento económico*, Prentice Hall, 2000.

LATRICHANO, JUAN CARLOS, *La economía al servicio del hombre*, Ed. El Escriba, 2002.

MOCHON, FRANCISCO y BEKER, VÍCTOR, *Economía*, McGraw-Hill, 1993.

PERTICA, JORGE, "La teoría del desarrollo endógeno" (2001) y "Regionalización económica y las PyMEs" (2002), Apuntes de Cátedra, Facultad de Ciencias Económicas de la UNLZ.

PERTICA, JORGE, "Autoevaluación para emprendedores y Guía para crear una pequeña empresa", Taller de trabajo, Fac. de Ciencias Económicas, UNLZ, 2003.

THUROW, LESTER, *La guerra del siglo XXI*, J. Vergara Editor S.A., 1983.

Información económica y estadística

Banco Central de la República Argentina. Página web: **www.bcra.gov.ar**

Consejo Profesional de Ciencias Económicas de la Ciudad de Buenos Aires: Informe Económico de Coyuntura. Página web: **www.cpcecf.org.ar**

FIEL (Fundación de Investigaciones Económicas Latinoamericanas) Indicadores de Coyuntura.

IDEA (Instituto para el Desarrollo Empresarial de la Argentina). Conclusiones de los coloquios anuales. Página web: **www.ideared.org**

INDEC: Anuario Estadístico e INDEC Informa (publicación mensual). Página web: **www.indec.mecon.ar**

Ministerio de Economía, Secretaría de Política Económica: Informe Económico Trimestral. Página web: **www.mecon.gov.ar**

ONU (Organización de las Naciones Unidas). Sitio en español: **www.un.org/spanish/news**

DIARIOS:

- La Nación (**www.lanacion.com**),
- Clarín (**www.clarin.com**),
- Ámbito Financiero (**www.ambitoweb.com**),
- El Cronista (**www.cronista.com**),
- Infobae (**www.infobae.com**).

Este libro se terminó de imprimir
en el mes de junio de 2004
en los talleres gráficos *Mac Tomas*,
Murguiondo 2160 (1440)
Buenos Aires - Argentina
Tirada: 1.000 ejemplares